Money錢

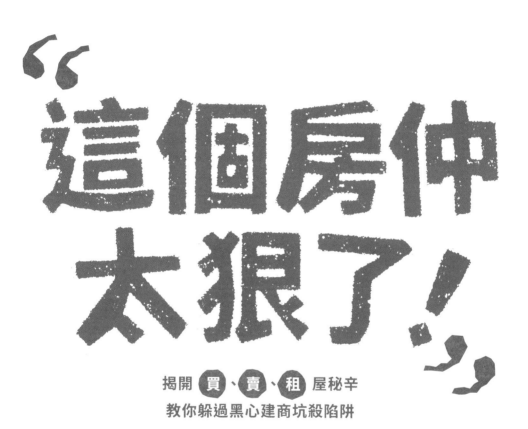

"這個房仲太狠了！"

揭開 買、賣、租 屋秘辛
教你躲過黑心建商坑殺陷阱

推薦序 1 ....

擦亮個人招牌 不需大品牌加持

　　論公司規模，大能讓倚靠，小可使獨立，一切都只是自己如何看待所處環境的心態問題，各有各的好。也就是說，雖然直營體系的資源較多、業務員的素質較一致；可真正的高手，大多都在「高專店」，泰源就是經典一例。

　　從業超過10年的他，從未待過直營店，一路上都是靠自己邊做邊調整，個性雖喜自由、卻亦十分自律；加上過去曾受戲劇教育的洗禮，讓他總能「將心比心」來落筆，帶領讀者看得更全面且透澈！本書不僅教你如何提升服務品質與業務技巧，若你「做生意的慧根」有開，還能從中悟出該怎麼透過「經營個人品牌」來彌補「缺少大品牌加持」的不足，藉此為業績加分！身為房仲的你，一定要看。

　　此外，這還是一本與建商交手過的超業房仲所寫的書。

　　泰源於2021年7月底加入東龍不動產大聯盟，當時99.9%的

人（包括我）都不懂，為何會想到我這間與泰源形象有違和感的「草莽公司」來？直到看了這本書，我才終於知道他跳槽的動機：原來是希望到「有從事建商領域的房仲公司」上班啊！

想知道如何整合土地與蓋房子，來我這邊學，絕對沒問題；但若想從我這邊窺探「黑心建商手法」可就難了；因為東龍雖是近20年的老牌房仲公司，卻也僅是才剛完銷首案「東龍小巨蛋」不久的新手建商，還沒學壞呢！（玩笑別當真）

由於泰源的父母與爭議建商爆發合建糾紛，在我了解整個過程後，除了替泰源一家人感到心疼，身為菜鳥建商的我也算是開了眼界，原來還可以這樣搞；所幸，天性樂觀的泰源，把父母遭受建商欺壓的故事化作養分，其暗黑手法完整揭露於書中，保證越讀越令人憤憤不平，超精彩！

最後，願每位讀者都能像泰源一樣散發正能量，讓我們一起改善房仲與建商的環境，扭轉社會大眾的印象。（握拳）

王棟隆
台北市不動產仲介經紀商業同業公會副理事長暨東龍不動產大聯盟董事長

 推薦序 2⋯⋯⋯⋯⋯⋯⋯⋯⋯⋯⋯⋯⋯⋯⋯

房產必讀聖經 幫你避開千萬損失

我從來不看房產業者寫的書,但泰源寫的這本書,我從頭到尾看了2遍。

我在本書中,看見泰源用10多年的房仲經驗,從買屋、賣屋與租屋3大面向,深入淺出分享非常多超級專業的內容與知識,能幫助讀者直接站在泰源的肩膀上,讓自己在房市中更不容易踩到地雷。

特別是這些知識都非常接地氣,每項具體、實務、可行的注意事項,連我讀完都覺得大開眼界、自嘆不如!這本書完全不像其他房產業者的書籍,總寫些老生常談、網路上也查得到的空泛觀念。

本書除了分享非常專業的房產知識外,最讓我驚艷的是〈危老改建 黑心建商手法大公開〉這個單元的內容,不同於一般業者的上帝視角,泰源是直接以當事人的角度來分享,用他

父母血淋淋的經驗讓你知道:「建商,不可能不騙你」的驚人真相!

　　總之,如果你擔心在買、賣、租屋上誤觸陷阱,或者你就是正處於都更或危老階段的地主,本書就是能幫你避免數百萬、甚至千萬元損失的必讀聖經!

李昌鵬(Zack)
房地產 KOL 暨國際超級房仲

 推薦序 3......................................

避免誤踩地雷 熟讀房產知識書！

　　非常恭喜泰源兄出版他的第3號作品！仔細閱讀後會發現，其10多年的經驗確實相當扎實。

　　居住是每個人一定都有的需求，不論買賣或租賃，因此或多或少都會遇到以下糾紛：屋主被騙而賤賣、買方遇到不肖房仲而買貴或因隱瞞屋況而誤買踩雷屋、租屋擔心遇到租霸或惡房東、2020年後房市火熱卻又面臨缺工、缺料、缺機具導致預售案延宕與爛尾樓風險增加、近年老屋改建夯也讓地主遇上黑心建商的消息頻傳……在如此龐大的房地產市場裡，民眾總處於資訊極不對等的情況，偏偏這又是多數人一生投入的最大金額，不可不慎！

　　每當跟泰源兄討教房市議題時，都可感受到他對房地產領域的熱情與精闢見解，包括他父母的起家厝在重建時與黑心建商爆發糾紛，其無所畏懼及努力不懈的態度，使他的著作呈現

得非常豐厚。

　　本書涵蓋的範圍既廣且深，包括買賣房子與租屋的注意事項、多年服務經驗所累積的業務技巧，亦可供新手房仲參考，面對各種客人該給予怎樣的應對進退，尤其是自家老屋重建，泰源兄是如何與黑心建商過招的心路歷程，這些統統都是極寶貴的養分，可說是鉅細靡遺又精彩！

　　在此誠心推薦給大眾，這本淺顯易懂的好書。

林和謙
好房網資深記者暨房地產媒體人

推薦序 4 . . . .

房產資訊不對稱 你需要一盞明燈

　　許多人在踏上房地產築夢之旅前，完全無法想像房屋買賣的現實有多殘酷。其中隱藏的陷阱，都在本書中一一現形。

　　提供正確知識的解答，是預防糾紛的法門，也將對台灣社會帶來正面的影響力。買屋是一般人要花幾十年精華時光、負擔甚鉅的消費，卻恰恰是無經驗者最難有宏觀視野「看穿」的社會問題。

　　新聞上看到的住宅相關糾紛，只是冰山一角，消費者即使有經驗或做足功課，仍只能在資訊不對稱的交易陷阱中碰運氣，若不幸遇到不肖業者，深陷冗長訴訟，畢生積蓄淪為黑心建商的提款機，一切投入化為烏有，換來椎心刺痛地無盡折磨……還有更多求助無門的無奈，即使告上法院，取得勝訴判決，但遲來的正義已不是正義，血汗錢根本要不回來，因而衍生的社會公共問題多到不勝枚舉。

依據住保會的歷來統計，台灣約有90%的消費者，對於房屋買賣取得的資訊嚴重不足，消費者上網爬文，多是業者下預算給媒體所投放的廣告，以錯誤的資訊來蒙蔽視聽、帶風向。

所以，與其聽別人說，不如聽泰源這樣的專家說，像是房屋買賣常聽到廣告強調要做履約「保證」，事實上，付了價金代管費給信託銀行或建經公司，卻根本沒有享受到真正的「保障」，一旦建商財務出狀況，消費者錢不見了，房子也變成了爛尾樓。

當然台灣還是有願意實踐企業家應盡的社會責任之正派經營業者，而本書就是在這個資訊不對稱的時代，當下迫切需要的一盞光明燈！

吳翃毅
台灣住宅品質消費者保護協會創會理事長

自序

過去到現在

如果說，我於2016年、累積6年房仲資歷所出版的第1本作品《一眼看穿房仲賣屋手法 讓房仲為你賣命》是初階版，那麼如今2023年、累積超過12年資歷所出版的第3本作品《這個房仲太狠了！揭開買、賣、租屋秘辛，教你躲過黑心建商坑殺陷阱》就是進階版。因此，我想以2本書之間有何不同作做為開頭導讀。

關於本書的3大重點：

第一、2016年的書比較著重在「一般約」文化制度下，如何與同行互相踩線、諜對諜，對客戶要說怎樣的話術、強調辛苦度的地才型耕耘，以博得客戶的委託機會；而2023年這本書，則是描述在沒有倚靠大公司品牌加持的背景下，如何透過「經營個人品牌」，進而轉型為「專任約房仲」的作業模式，比較著重

在與客戶之間的互動，以及增進自身的服務品質。

　　當然，關於不動產的法律與知識，肯定也是必要且有補充在書中的。

　　第二、由於2022年7月起，內政部擴大住宅租金補貼方案，預算高達300億元，堪稱歷史之最！同時，處於高點的台灣房市，因為美國鷹式升息導致資金退潮而正在反轉向下修正當中，「買不如租」的現象愈趨明顯，原本看似剛性需求的買家，極有可能從2023年起紛紛觀望並轉往租賃市場，因此可以預判，未來幾年的租賃糾紛案件，必有增加。

　　所以，本書針對「租屋」主題的占比，會略高一些，很適合廣大的房東與租屋族群們閱讀，也期許房仲同業及租賃服務業者們，都能從本書中得到收穫，增進服務細膩度，一起為降低租屋糾紛盡一份力。

　　第三、台灣屋齡老舊的房子越來越多，改建已成熱門話題，然而，99%擁有老舊房子的地主們，一生當中，通常也僅

有一次與建商打交道的機會。而不懂怎麼蓋房子的地主，在專業、資訊、經驗上相較於建商，可說是極其弱勢！很多善良的地主們，恐怕直到最後房子都交屋了，都還不知道自己的財產已被黑心建商侵吞。

然而，我是房仲，我目前的老闆是建商，我父母是遭受黑心建商欺壓的可憐地主，身具三重身分的我，這次也將透過「與黑心建商鬥法」的過程中，將他們所使的手段、每個環節，一一詳細拆解！並致力用最淺顯易懂的文字表達為你解釋；這是上一本書，完全沒有的全新篇章！身為擁有老舊房子、想要跟建商談合建的你，一定要看。

我也要藉由出書的機會，向行政機關、民意代表疾呼，別再為了加速老屋改建，只懂得丟出大餅（容積獎勵、放寬同意比例等），對於建立可長可久的規範，卻以幾近放任不管的態度，不替弱勢地主的權益把關。

試想，中古屋買賣、租賃或預售屋買賣發生糾紛，可能損

失幾十萬、上百萬元,所以老早就有「定型化契約」及「應記載與不得記載事項」。

但都更合建,地主一旦誤踩黑心建商的陷阱,損失金額是千萬元起跳!為什麼風險更大的領域,政府與民代卻避重就輕?令人不得不懷疑,背後是否有黑心勢力的阻擋與勾結。所以,我也要呼籲讀者,以後投票,都要選擇「支持居住正義、不跟財團掛勾」的候選人,才能讓台灣變得更好。

最後由衷希望,房仲同業們能從本書得到啟發。從事業務工作,未必要靠滿嘴話術或欺瞞手段才能賺到錢;願你開始信仰,用誠實的人格特質、返璞歸真的作業方式、精進服務的細膩品質,將自己從主動開發案子,進化到被動吸引客戶的層次。

更期盼你,在享受閱讀的過程中,也能看見,我的成長。

這個房仲太狠了！
揭開買賣租屋秘辛，教你躲過黑心建商坑殺陷阱

目錄 Contents . . . .

Part 1
保障有漏洞 法律常識不可少

Part 2
買屋、賣房 看懂房仲銷售話術

Part 3
房東、租客過招 學會自保訣竅

Part 4
危老改建 黑心建商手法大公開

Part 5
利他才利己 菜鳥房仲翻身日記

番外篇

結語

Part

1

保障有漏洞
法律常識不可少

有了履約保證，買賣房屋不見得萬無一失！

買到海砂屋，賣房的人沒有法律責任？

簽了買賣契約，屋主反悔不賣，買家竟然還要被扣簽約金？

以上種種情況都是「於法有據」，

不懂相關法律常識，當心荷包失血又傷心。

那些年
我們一起追的凶宅
後來怎麼了？

早幾年前，我經常被問到：「不想買到凶宅，該注意什麼事？」，隨著法令修改，規定凶宅資訊必須公開，加上實價登錄資訊透明化，備註欄位也會揭露資訊，或是房仲自己也怕深陷交易糾紛因此大半都會主動告知等，如今想誤買凶宅，不容易了。

這次想談的是，凶宅對房價的影響到底有多少？可以投資嗎？購買前要注意些什麼？為了賣高價，屋主與房仲可能會使用哪些手法？讓我們一起來看看，當年那些知名的凶宅，後來怎麼了。

案例❶ 套房創社區最高單價 房價慘剩一半

根據內政部實價登錄，2021年4月14日成交一筆權狀登記12.68坪的小套房，門牌為桃園市平鎮區環南路35巷33號8樓之1，總價僅130萬元，換算每坪單價為10.3萬元，而備註欄位寫著：曾發生非自然死亡情形瑕疵物件。

經查，前次移轉為2014年10月6日，當時成交總價為270萬元，換算單價21.3萬元；換言之，期間相隔7年多，竟慘賠140萬元，跌幅高達近52%，超過一半！以行情來看，2014年時周遭社區平均單價落在10萬元上下，該案當時成交單價21.3萬元，創下該社區歷史最高單價，顯見前手屋主在當時本來就買在「超高點」，如今因凶宅因素回到理性價位，才會出現打對折的情形。

$ 買屋、賣房，你該這樣做！

套房變凶宅 脫手難度加倍

通則來說，套房買家有一定的比例是拿來出租用，假設原本投報率為 2.5%，房價打對折之後則瞬間飆升至 5%，只要遇到不介意凶宅的租客，就算便宜一點打 9 折出租，投報率仍高於銀行定存 2～3 倍。

只是，套房貸款條件本來就比較差，又因為是凶宅的關係，恐沒有任何一家銀行願意承作，再伴隨著屋齡日漸老舊，因此，除非你打算持有到老，否則別期待脫手後，可以帶來房價增值的財富。

案例❷ 莊明玉事件 法拍凶宅跨時代印記

根據內政部實價登錄，一棟門牌為台南市善化區大成路316巷9號、1984年完工，權狀51.65坪的透天厝，在2021年11月17日以總價450萬元成交，換算每坪單價8.7萬元，備註資料顯示：此標的物為事故屋。雖然是這棟透天厝首筆實登資料，無法與前手購入成本相較，但若是與周遭成交單價12萬～15萬元相比，便宜大約3～4成，與凶宅行情相符。

　　而該筆物件就是「莊明玉法拍事件」事故屋！回首2013年，單親媽莊明玉靠著打零工，每月僅有2萬多元的薪資，獨自撫養3個小孩，好不容易存到40多萬元，透過法拍程序以270萬元標到該透天厝，當時房屋的債權人為大眾銀行，碰巧，莊明玉也向大眾銀申請房貸。

　　令人訝異的是，大眾銀在法拍時並未在物件上有任何凶宅的相關註記，卻在莊明玉申貸後，7天內就查到該筆物件為凶宅，並以此為由拒貸，且聲稱「當初不知情」，莊明玉只好棄標，後來物件再次標售，廖姓民眾以231萬元得標，莊明玉則必須承擔39萬元的價差。

　　事發後，成為當時的新聞焦點，引起社會關注，金管會也罕見發表聲明，認為大眾銀應補足39萬元差額，並把錢直接還給當事人。後來立委提案修法，於2014年5月通過《強制執行法》修正案（俗稱「莊明玉條款」），規定法院查封不動產時，必須將足以影響交易的特殊情事，包括海砂屋、輻射屋、非自然死亡等情事，調查及記載於法院查封的筆錄中，並載明於拍賣公告，避免投標人因資訊不透明而影響權益。

　　根據媒體報導，這間透天厝目前（2022年）作為長照辦公

室使用。若以當時法拍取得的價格231萬元來說,換算單坪僅4.5萬元,可說是超級「投資價」!2021年以450萬元順利脫手,可說是大賺將近1倍!由此印證房產界的至理名言:沒有賣不掉的房子,只有賣不出去的價格。

💲 買屋、賣房,你該這樣做!

轉商業用途 再「凶」也不怕

對於這種人人皆知的凶宅,好處就是不用擔心資訊被隱瞞而誤買。至於把住宅轉為商用,也是活絡資產的做法,因為商用不動產比較「抗凶」,白天辦公時,人多壯膽較不怕,晚上也不用住在凶宅裡,好比「事故黃金店面」,只要人潮洶湧,再「凶」也不怕。

一般來說,凶宅對於房價的影響,會隨著時間的遞延而減少,但由於此物件頗具社會知名度,不論時隔多久、轉手幾次,「莊明玉法拍事件」已成歷史印記,價格永為行情的 7 折恐是命定。

案例❸ 房仲銷售分屍屋 網酸「價格比較凶」

2022年第3季，在591售屋網輸入門牌「台南市東區崇明十三街」，並設定「8樓」按下搜尋鍵，可以看見幾家房仲刊登同一物件，社區名稱為「原鄉」，權狀40.48坪，總價698萬元，標題分別是「有故事的3房」、「超便宜3房（事故屋）」等。

其中一名房仲刊登標題還註明「目前有租客」，顯然還得事先與房客敲定時間才能看屋；而物件下方的說明欄位中也有提及「此為凶殺事故屋，不介意者再來電」、「此為事故屋，低行情，無神論者佳」。

同一時間，在「我是凶宅！！買賣/法拍/投資/撿便宜/屋主自租自售/仲介/資訊新聞/全台/禁廣告只有凶宅可進」的臉書社團裡，也有該物件的廣告文章，刊登者還強調售價約市價的6折。

根據新聞報導，此物件的分屍命案發生在2019年1月，當時42歲的張姓女死者在酒店上班，租下8樓戶與30歲的兇嫌吳茂騰同居；案發當日，張女外出赴酒客邀約，引發吳嫌醋意，吳嫌勒

斃張女再分屍7大塊棄屍；不僅如此，該社區在30年前，還是日本女學生井口真理子分屍案的棄屍地，可謂「凶上加凶」。

　　以該社區行情來說，每坪均單價僅落在約20萬元；相對之下，該物件拆算車位價格後換算房屋每坪單價為22.1萬元，顯

$ 買屋、賣房，你該這樣做！

帶租約銷售 當心暗藏陷阱

　　這個案例價格並沒有便宜，但諸多房仲刊登廣告時，卻不約而同提到「低於行情」、「市價6折」，如果買家沒有做足功課，極有可能發生「明知是凶宅，卻被誤導行情而買貴」的情況。

　　這個物件還有個特別之處，就是帶租約賣，要注意的是，有些黑心投資客與「人頭租客」聯手合作「高租金的假合約」，等到房子賣掉，新屋主承接租約，人頭租客再藉故提前退租賠償房東1個月押金後搬走，待重新招租後，新房東才發現再也租不到原本期待的金額。

　　另一種可能是，房東降租給租客，希望房客配合說好話，讓租客面對買家時，願意說出：「我租在這兒已經幾年了，目前為止都一切安好、幸福美滿、事業有成、身心健康……」，藉此助攻屋主賣屋。

然無視凶宅影響，根本沒有6折，怪不得有網友幽默留言：「價格比較凶」。

案例❹ 精神障礙患者 砍殺毒竊販

　　根據內政部實價登錄，門牌為高雄市鳳山區南進七街28號的加強磚造、1975年完工的1加2樓透天厝，權狀32.07坪，零公設登記，在2021年3月2日以總價500萬元成交，換算每坪單價15.6萬元，而附近老舊公寓與透天厝，平均單價落在18萬～20萬元以上，以這次的成交單價相比，跌幅約13%～22%，相當於市價打8折，該物件的備註欄載明「該屋有非自然死亡受民情風俗因素影響」。

　　用「高雄市鳳山區南進七街」和「死亡」關鍵字搜尋，便能找到2011年5月的凶殺案報導，內容描述一棟2樓透天厝，連同吳姓屋主共住5男1女，某夜，室友柯男與薛姓毒竊販死者等多人在1樓客廳喝酒，後來柯、薛起口角打架，薛男遭柯男砍殺。柯男到案後否認涉案，並拿出中度精神障礙證明，聲稱自己有暫時性失憶及妄想症，起床後就看見屍體……

$ 買屋、賣房，你該這樣做！

房東與房客同住 潛在風險大

單就房價來看，此次凶宅對於房價的減損不算「殺很大」，研判是因為建物可供商業使用，再加上透天厝型態不會受到釘子戶的牽制，且土地登記高達將近 25 坪，又因屋齡非常老舊，有潛在改建效益，不排除買家有建商背景，購置這類產品，短期可商用收租，長期則可以等待時機，申請危老改建。

以當年命案來說，屋主可能自身的經濟狀況也不好，沒有其他收入，或是覺得自己一個人住透天厝覺得寂寞，所以選擇部分空間出租，像這種房東與房客同住一個屋簷下的型態，風險其實很大！

如果屋主年紀大，房客年輕力壯，又或者如此命案描述，嫌犯具有中度精神障礙，死者也具竊盜及毒品前科等，由衷建議，千萬不要慈悲心發作，心軟收留；尤其出租時，更要詳加確認租客的背景與職業是否正當、收入是否穩定？如像本案所說，租客竟然還可以邀請朋友一起來家裡喝酒，縱使承租期間平安無事，夜間酒酣喧嘩，入夜也睡不安穩。

履約保證與價金信託
百密都有一疏

　　由於各家媒體的長年報導，多數消費者早已被教育「買房一定要做履約保證」才安心，而所謂的「履約保證」，其實就是一個獨立的第三方專戶，讓買家把購屋款匯入，等到過戶手續辦妥後，再於交屋時「一手交錢，一手交屋」的概念，對交易安全來說，算是很有保障。

　　只是，有了履約保證機制，買房流程是否就真的萬無一失？除了履約保證，另外還有一種叫作「價金信託」，這兩者間又有何不同？

履約保證漏洞 代書動手腳 挪用款項

2018年1月有一則訴訟新聞，根據原告表示，勤德股份有限公司於2015年6月，就新竹縣湖口鄉一件總價5億多元的土地買賣，委託安新建築經理有限公司辦理履約保證（建築經理公司簡稱建經公司，是辦理履約保證的公司），並於2016年6月30日完成土地分割及移轉登記。

殊不知，在進行交款的過程中，安新建經公司委託的毛姓代書，以「要繳1.3億元土地增值稅」為由（實際上稅款僅3千多萬元），向安新建經公司申請款項，而安新建經公司不知是何緣故，在未查證清楚的情況下，竟然就將客戶的錢撥付給了代書，導致勤德公司遭受損失，因此依法向安新建經求償。

價金信託漏洞 合約書作假 銀行也被騙

再來看看另一則新聞，2018年7月，中華地政士事務所負責人陳國帥涉嫌向銀行詐貸、詐取房屋等，至少13人被害，不法獲利超過2億元。

　　檢方查出，陳嫌以此手法雇用朱克立等業務員，尋找低於行情、急欲求售的房屋，先由沈姓代書出面說服屋主捨棄履約保證，改採用國泰世華銀行的價金信託，並在買賣合約書內容做手腳，騙走賣家的房子，再以人頭名義貸款取走現金，讓檢方認為該集團簡直是「詐騙進階版」。

履約保證、價金信託的差別

　　看完上述2個案例之後，你是否發現，**無論是履約保證還是價金信託，只要遇上「黑心代書」，其實都有漏洞可鑽**。究竟哪種制度比較好？且讓我試著持平、盡可能客觀地為你講解。

差別① **匯款帳戶**

　　履約保證：由四方成立契約書，委託人是建經公司，受託人是銀行，買賣雙方是被保證人；買家的錢，匯入的是建經公司的價金信託帳戶裡。

　　價金信託：單純扮演「管理價金」角色，買賣雙方是直接委託人，錢匯入「銀行設立、買賣雙方共同聯名」的信託專戶。

　　簡言之，履約保證有建經公司的存在；而價金信託沒有建

經公司的角色。

差別② 便利性

履約保證：因為錢存入的是建經公司「預開」的銀行價金信託帳戶，因此在簽約當下，就能立即給帳號。

價金信託：銀行專員在簽約當下，協助買賣雙方申請專戶，因此帳戶通常需隔一個時段才能提供，也就是說，最快上午簽約、下午給帳號。

差別③ 撥款效率（撥款文件事先準備好的前提下）

履約保證：代書通知建經公司完成交屋，建經公司再通知銀行撥款。

價金信託：代書通知銀行，銀行與買賣雙方確認已完成交屋後再撥款。

看起來，履保多了一道程序，但實則不過是一通電話而已，其實差不多。

差別④ 簽約形式

履約保證：建經公司不會派專員到簽約現場，都由代書直接處理，因此，倘若出現黑心代書，風險指數立馬飆高。

價金信託：由於銀行規定，一定要確認是買賣雙方「本人親

簽」，因此會派行員到現場，換句話說，除了買賣雙方、房仲、代書以外，還會再多一方，也就是銀行行員的見證。

差別⑤ 買賣契約書

履約保證：由建經公司提供制式的版本，契約書的條文採統一格式，較難做手腳。

價金信託：銀行並沒有買賣契約書，所以，若找A代書簽約，就會採用A代書事務所版本的契約書來進行簽約；因此，倘若出現黑心代書，容易有漏洞。

差別⑥ 代書代繳稅方式

履約保證：代書將撥款單交給建經公司，建經公司會把錢出款到「代書指定的」帳戶，通常是代書事務所或代書個人的帳號，也因為代書能經手到錢，倘若代書「黑化」，漏洞便出現。

但自從安新建經的案例發生後，建經公司從此改了規定：一旦稅金超過50萬元，會改出款到最近的銀行分行，請代書臨櫃繳納，不再匯入代書所指定的帳戶；白話文就是，**黑心代書若要捲款，現在頂多只能偷走49萬9,999元。**

價金信託：代書把稅單交給信託銀行，由信託銀行繳納，或出款到代書指定的分行窗口繳稅；換言之，代書只能憑藉稅

單，到距離事務所最近的銀行臨櫃繳稅，代書全程碰不到錢。

差別⑦ 收取費用

履約保證：通常為總價的萬分之6，買賣雙方各付萬分之3。因為履約保證結案後，房仲公司店東通常還有建經公司給的回扣可領，成本較高。

價金信託：因為少了建經公司這一層的「服務」，費用會比較便宜，通常不到總價的萬分之3，有的甚至才幾千塊錢而已，至少比履約保證便宜一半以上。

差別⑧ 糾紛處理

履約保證：建經公司能提供主動調解的服務，遇買家延遲不匯款，建經公司可代替賣方提供法律行動，例如寄存證信函；若雙方之後談妥，並且在判決前取得和解，建經公司也可以配合提前出款給買賣雙方。可謂靈活多一點、主動多一些。

這邊要強調的是，履約保證提供的並非「保證」，而是「服務」（法律面的催告程序、主動調解交易糾紛），這也是為什麼有立委提出應該把履約保證的「保證」二字刪除，並正名為「價金託管」，以避免民眾被誤導的原因。

價金信託：銀行單純管理價金，發生糾紛時亦不介入，買賣

雙方自行處理；若能私下商議解決最好，若進行訴訟，銀行就得等法院定讞之後，再依照判決結果執行價金的去向。

$ 買屋、賣房，你該這樣做！

採雙代書制 資金安全更有保障

無論是履約保證還是價金信託，概念都是把錢放在第三方帳戶保管，但萬一出事了，兩者差別就會出現。再回頭細讀上述 2 個案例，注意到了沒？**履約保證只要遇上黑心代書即有漏洞可鑽；但若是價金信託，除非買家亦是共犯，才會有機可趁。**

再試問，銀行跟建經公司，誰資本額比較大？誰比較容易出現財務危機？誰承擔風險的能力比較強？誰又比較可能私下挪用客戶資金？把錢存進建經公司帳戶的履約保證，以及把錢存進銀行裡的價金信託，到底哪個讓人比較安心？我想答案呼之欲出。

當然你還是可以視情況，看要不要接受建經公司的服務（如果仲介公司能讓你選擇的話）；假設該筆交易的金額不大且案件單純，你委託的房仲、仲介公司、代書也都認識又長期配合，基本上就可以選擇比較省錢的價金信託。

話說回來，既然 2 種制度皆有漏洞可鑽，採用「**雙代書制**」最有安全感！也就是說，找你信任的代書陪同，與負責簽約的代書一起審視契約書及商議交易流程，多花一筆費用，更萬無一失。

外地人買房
記得多問幾句話！

外地人買房，常常發生悔買的情況，因為許多在地人才知道的情況不會讓外人知道，透過房仲購屋，假設服務你的是剛入行或外地房仲，往往入住後才發現屋況瑕疵，已後悔莫及。

除非，你主動詢問。

天母人不會主動說的公開秘密

某早，一位買家來電，問起我接的一間天母的案子。

買家 「你知道天母因為比較靠近溫泉帶，有硫磺的關係，所以家電的壽命都不長嗎？」

我 「我不知道耶，我帶看很多次了，從來沒有聞到過硫磺味。」

買家 「你聞不出來的啦！你不是在地人，所以你不知道。」

我 「您講的是北投吧？我這案子是士林區耶？而且我帶看過很多組客戶，也有住在附近的換屋族，從來都沒有買家提及過硫磺的事。」

買家 「我曾經住過天母，因為硫磺的關係，電器跟管線更換頻率較高。唉！好啦！等我跟先生討論完之後，確定要看屋，再跟你約時間啊。」

　　掛斷電話後，我心想：這買家是怎樣？還沒看房就一直扯什麼硫磺，但是我要忍住，不能頂嘴，畢竟嫌貨才是買貨人，她應該是誠意買家吧？我想，還是詢問屋主看看好了。

　　沒想到，屋主竟然回：「我們天母是比較靠近陽明山，所以電器用品稍微有受影響，既然買家住過天母，應該會知道。」

　　言下之意，就是確有此事！

在大直租屋設戶籍 簽約即解約

曾有個租客一家三口，為了讓小孩就讀台北大直明星學區，因而有設戶籍的需求，終於，找到一間合適的房子，於是委請房仲居間溝通承租條件：起租日、租期、租金、設籍。

房仲好不容易談成，草擬租約、提供雙方審閱無誤後，便約雙方碰面，簽約完之後，租客當下支付了押金及租金，開始著手進行搬家事宜，並花錢請清潔公司先去租屋處打掃，一切看似順利。沒想到，隔天，租客便氣沖沖地打電話給房仲⋯⋯

租客：「我剛才去戶政事務所辦理遷入戶籍，結果戶政人員竟然阻止我，說什麼我租的房子的土地使用分區是商業區，只能當『一般事務所』不能作『住家』使用；一旦遷入戶籍就會通報市政府，接著會陸續收到6萬到30萬元的罰單，如不改善，嚴重的話還會遭到斷水斷電！」

租客一邊抱怨房仲沒有事先調查清楚，一邊要求無條件解約，還得全額退還服務費；而這位專做租賃的外地房仲其實也滿倒楣的，**因為全台北市所有的商業區都能設戶籍，唯獨大直不行**，連違規住宅爭議爆發「之後」才購入房屋的所有權人都

不可以，這檔事，沒有遇過，還真不會知道呢！

　　就這樣，一個簡單的租屋，繞了一大圈，搞得勞命傷財、浪費時間，最終白忙一場。

$ 買屋、賣房，你該這樣做！

在熟悉環境購屋 好處多多

　　以大直商業區、娛樂區違規住宅（大彎北段）為例，買了房子不能設戶籍，否則會收到市府寄出的罰單，有些買家基於學區考量而置產，往往買了之後才發現不能設籍而後悔莫及，甚至引發糾紛；或者是基河國宅二期（大直美堤花園），總戶數超過 2 千多戶，過去陸續傳出零星墜樓事件，倘若購屋時沒主動詢問，就有可能誤買與凶宅為鄰的房子。

　　又比如說，近年因台積電設廠話題，讓台南與高雄的房市一時間被炒得火熱，一堆北部人到南部買房，也許，幾年後你才會發現，因為南部房屋總價不用千萬元即可入手，導致在南部工作而有居住需求的人，多半只想買房，沒打算租屋，萬一未來房價崩跌，既不想賠本賣，租也租不掉，北部人也不可能南下自住，最終只能養蚊子……

　　因此，像我買房，一定只鎖定我熟悉的環境，一來可以降低受騙的風險，二來如果要出租也就近好管理，房子出什麼狀況，走路幾分鐘就可抵達，進可攻、退可守、又省時（時間就是金錢），這才是兼具聰明投資的購屋王道。

 法律教室

非重大瑕疵 要幫自己留好後路

關於違規住宅，買家可上「土地使用分區」網站查詢，或搜尋「使用執照存根查詢」，或者是調閱謄本確認「建物用途」，即可避免誤買。然而，不論買家是否預先查詢，房仲皆有告知義務，若事後發生誤買之情事，經確認屬「重大瑕疵」，買家可以主張解除買賣契約。

不過，諸如天母飄硫磺味、南港沿河道從汐止飄來的瀝青味、鄰居是凶宅等，在內政部版不動產說明書中的「應記載與不應記載事項」，與仲介公司制式的「房屋標的現況說明書（屋況說明書）」裡並無載明，不屬於重大瑕疵，因此，房仲僅有「選擇性告知的道德義務」，沒有「必要揭露的法律責任」。

所以，若擔心上述情事發生，建議將主觀在意的屋況瑕疵，於購買前、下斡旋時，白紙黑字註明在特約條款上，替自己留一條「無違約金產生即可解約」的後路。

買到海砂屋
不知者無罪？

買房最怕買到凶宅、輻射屋與海砂屋，這3種皆屬重大瑕疵，若鬧上法院，按照過往的判例，往往不會只有價金折讓，而是解除契約。

凶宅部分前面已有討論，不再贅述；至於輻射屋，只要上「行政院原子能委員會」官網，打上「輻射屋查詢」關鍵字並按下搜尋鍵，再輸入欲查詢的門牌地址，即可免費且輕鬆獲得解答，所以也不必太擔心。

但是，海砂屋呢？

交屋裝修 才發現買到海砂屋

2019年6月的新聞，一名王先生5月初買了新北市蘆洲一間屋齡30幾年、總價700多萬元的中古屋；沒想到，裝修時才發現，不僅天花板鋼筋裸露，走到臥室更誇張，水泥整塊砸下來。

原來，買家將衣櫃拆掉，才發現衣櫃後的牆壁竟藏有嚴重的壁癌！屋況瑕疵被裝潢與家具遮住，房仲與前屋主都說不知情；如今，剛買的房子不能住人，原租屋處房東又催促搬家，每月房貸2萬多元及租金1萬多元，讓王先生感到相當無助！

房仲表示，將盡最大的努力來協調，但王先生說，房子他不要、也不敢住了，希望對方原價買回就好，但談判破局。原本希望買到的，是一個遮風避雨的家，如今夢想落空還變成惡夢，夫妻倆看著年幼的孩子，下一步該怎麼走？他們也不知道。

無特殊狀況 多數屋主賣屋不做檢測

以上述案例而言，王先生買的是1988年蓋好的房子，確實風險較高，而後來找鑑定單位做檢測，氯離子含量平均值高達1.268，明顯超標。

關於氯離子的檢測標準，根據1994年7月22日修訂「新拌混凝土國家標準」規定，氯含量容許值為每立方米0.6公斤以下，直到1998年6月25日，才修正為較嚴格的每立方米0.3公斤以下。根據過往經驗，假設賣方當初購買含裝潢的房屋，且在產權持有期間沒更動過，居住期間也沒發生嚴重壁癌、混凝土剝落、鋼筋裸露等情形，賣方確實有可能不知道房子是海砂屋。

而房仲在接受委賣時，產權調查報告書裡的「屋況說明書」中有一條清楚寫明：是否「做過氯離子檢測」？這裡要注意一下，上面寫的並非「是否為海砂屋」，而通常賣家會勾選「否」，因為，對賣家而言，在屋況看起來正常的前提下，賣個房子實在沒必要繳交鑑定報告，一來要花錢，二來萬一被檢測出氯離子超標的話，從此便不能裝傻，若刻意隱瞞事後被揭穿，反而引起更大的糾紛。

⑤ 買屋、賣房,你該這樣做!

4 個小訣竅 簡單判斷海砂屋

　　究竟該如何避免買到海砂屋?無腦懶人的做法是,購買 1998 年 6 月 25 日之後取得建照的房子即可,但若仍無法完全放心,實務上的做法另有 2 個。

　　第一,先出價,斡旋附但書,載明「一旦價格達標,賣家須同意買家找鑑定單位做檢測,若氯離子含量低於國家標準值,才能轉為定金。」至於檢測的費用,通常非一定,但會由買家負擔。檢測流程方面,一般看到的 3 房 2 廳格局,通常會取 3 處左右的數量進行試驗,費用數千元不等,待報告出爐,約需 4 個工作天。

　　其次,如果不想花錢做檢測,以下提供幾個簡單自行觀察的方式:

① 梁柱附近有沒有明顯且順著鋼筋方向的裂痕?

② 牆壁與地板有沒有氣泡或隆起?

③ 把廁所處天花板的維修孔打開來,看是否有白華、鐘乳石、混凝土剝落等異狀?

④ 若為精裝潢,屋內天花板沒有局部裸牆可看,就去地下室停車場、機電房或頂樓水箱、公共梯間等公設處,觀察天花板及梁柱,雖說是屋外範圍,可畢竟採用的是同一批混凝土,只要牆面看似正常,屋內應該也是沒有問題的。

 法律教室

買到海砂屋 5 年內可提起訴訟

　　含有氯離子的建築物，並非就是海砂屋；氯離子含量超過參考值，亦非認定為海砂屋的依據。「海砂屋」一詞，大眾的普遍認知是氯離子含量如有超過參考值，即認定該建物為海砂屋，正確的說法應為「高氯離子混凝土建築物」，要參考政府的相關規定，進而確認該建物的使用價值。

　　要如何避免買到呢？最好的方式是，可請賣方提供「氯離子檢測報告」，若先前未實施檢測，可在買賣契約中約定「須實施檢測」，如檢測值超過政府相關標準，則買賣契約得無條件解約；當然，檢測費用負擔亦須在契約中約定。

　　若不幸買到之後，該怎麼辦？要注意求償的時間限制，雖然最高法院曾有「超過 5 年仍求償成功」的判例，但是《民法》規範中，買方得在 5 年內發現，並且從發現日始算 6 個月之內提起訴訟，才能針對瑕疵部分請求減少價金或解除買賣契約等賠償。

中小坪數住宅 單價比豪宅高？

　　一般來說，豪宅的房屋單價，照理應該比普通小宅來得高，畢竟豪宅可能有無敵景觀、飯店式管理、頂級建材、多元公設等等。

　　可是也有人說，高總價往往每坪單價比較低，簡單的數學題，以10坪和100坪的房子舉例，每坪單價各漲1萬元，10坪才多10萬元，100坪則多100萬元，所以，當房市上漲時，大坪數產品銷售通常會比較吃力一些。

　　以上兩種說法，看起來都說得通，到底哪個邏輯才是正確的？

案例❶ 五鐵共構 新板特區中小型住宅比較貴

　　新板特區在新北市裡可說是蛋黃中的蛋黃，不僅有高鐵、台鐵、客運總站、板南與環狀雙捷運線，也鄰近萬坪都會公園，一旁還有大遠百百貨公司及地方權力核心的新北市政府，以上方圓走路大約只要5分鐘皆可達，生活機能極強！

　　之所以崛起得很快，主因是當年跟進政府的BOT案，讓特區內大部分社區的低樓層捐作公設使用以交換容積，因此普遍新蓋房屋都是鋼骨結構的制震摩天大樓，這也使得每棟樓與樓之間幾乎都能串連起來，縱使下雨天也能自在步行空橋直達高鐵；若不想曬太陽還有地下街可走，可謂四通八達。

　　另外以全台灣六都高鐵站周遭來講，唯獨板橋站是「住宅區跟行政區」兼「與高鐵綁在一起的豪宅聚落」，這跟台北車站商圈周圍都是商辦及中古老宅的市容，以及台中烏日站和高雄左營站周邊相對偏僻而言，可說是截然不同、深具獨特性。

　　最後一個有趣的現象，以2022年來說，該區豪宅的平均單價落在每坪60萬～70萬元，中小坪型則在70萬～80萬元，略高於豪宅，不禁讓人好奇，不是豪宅的單價應該要比較高嗎？

案例❷ 大直富豪聚落 還有便宜屋可買

　　台北市大直有3點資訊是許多外地民眾所不知道的,例如很多人會把大直誤以為是內湖區或是一個獨立的區域,但它其實是中山區;而大直的命名最初真的是源自於「又大又直」,這可不是「有色諧音」,而是因為基隆河原是一條蜿蜒曲折的河流,經過圓山飯店一帶後,河道就忽然變寬、變直了。

　　第三點是被譽為富豪聚落的大直,竟然也有墓園景觀,房價最低只要4字頭(40萬元起),就在最西北邊、位於國防部後方的通北街軍宅「力行新城」社區,有部分戶別看出去就是天主教公墓園,對於不介意「夜總會景觀」的民眾來說,CP值頗高。

　　以2022年的房市來說,除了軍宅單價最便宜之外,再來就是敬業三路、低總價3房加車位的「基河國宅二期」,單價約6字頭,接著是單價6～7字頭的大直街及北安路的無電梯老舊公寓,優勢為低公設及潛在改建效益;再接著是單價8～9字頭的一般高級住宅及小套房;最後則是單價破百萬甚至站上200萬元俱樂部、擁有水岸景觀的豪宅。

同樣是豪宅 交易市況兩樣情

藉由上述2個案例，順便讓你認識一下北市中山區大直與新北市新板特區的房市概況。

以新板特區的房價來說，確實印證了「高總價就低單價」的說法，因為該區高達8成以上社區的坪數都落在80～90坪、總價5,000萬～6,000萬元，甚至上億元都有，只是近年房市火熱，大坪數產品的交易量卻顯得格外冷清。

以2022年8月查詢樂居網的資料顯示，幾個知名度較高的豪宅，諸如「新都廳」、「麗寶東方明珠」等，2022年累計皆只成交1筆，其他像「東方富域」、「權世界」、「謙岳」等都零成交，「國鼎」則是從2021年就沒有成交紀錄，至於「板信雙子星花園廣場」與「華府DC」則是從2019年起就零成交，最誇張的是「台北官邸」，從2018年起至2022年8月都零成交。

這跟政府持續打房，且豪宅限貸令不鬆反更緊，以及總價高、持有稅與交易稅也重等因素有關，加上富豪屋主們的口袋都很深、個個惜售，也就呈現交易量低迷的狀態了。

但小坪數則呈現完全不同的景況，因為占比不到2成，導致

交易還是很熱絡！以「超級F1」來說，仍然月月有成交且量體不少，光2022年8月累計成交戶數就已達至少25筆，除了低總價優勢外，挑高3米6魔術空間也是小資族的最愛，在這個非富即貴的新板特區裡，仍有機會以總價不到1,000萬元就買到入門款小宅，形塑了該區的「豪宅聚落，小宅搶手」的特殊景象。

反觀北市中山區大直，「高總價創造低單價」則完全不能套用，因為這裡的華廈、國宅、軍宅、無電梯老舊公寓、套房等產品相當多元，也因此，少數擁有河景的豪宅，單價自然就遠高於其他宅，而且釋出量不多，往往案子還沒丟到仲介市場，就被鄰居或屋主的友人給買走了。

$ 買屋、賣房，你該這樣做！

物以稀為貴 房產也適用

從前述內文的描述，不曉得你看出端倪了嗎？不論是坪數大小還是總價高低，根本都不是影響房屋單價的主因，真正的核心的關鍵還是取決「市場供需」！

所以，從不動產投資的角度來說，在同一個區域，且其他各方面條件都一樣的前提下，問我選擇比較值得入手的標的會是什麼？我衡量的標準就是：因為稀缺，所以保值。

房子變凶宅遭求償
法院判決大不同？

說到房屋出租，房東最怕遇到的其中一件事就是，房客在屋內輕生讓房子變成凶宅。房東向亡者財產繼承人求償，在旁觀者看來，雖然有點於心不忍卻也是人之常情，畢竟凶宅確實會造成房價下跌，通常為市價的7折左右；若以一間房子總價1,000萬元換算，等於價跌高達300萬元！

房東苦主通常以《民法》第184條作為求償的依據，條文內容為：因故意或過失，不法侵害他人之權利者，負損害賠償責任。故意以背於善良風俗之方法，加損害於他人者亦同。

有趣的是，同樣的法條、類似的案例，遇到不同的法官，有勝訴及駁回2種截然不同的結果，這到底是怎麼一回事？

案例❶ 幫弟弟租屋 竟要賠房東217萬元

2022年3月有一則新聞，官女在2018年12月向魏姓房東承租透天農舍2樓的1間房間，但官女將房間交給弟弟居住後，官弟在2021年2月於農舍的2樓樓梯間自縊身亡。

法官審理後認為，官弟輕生前可預知會造成建物變成凶宅，卻仍在農舍內自縊，屬《民法》第184條違背善良風俗方式加損害於他人，因此遺產繼承人，也就是簽約人的官女，應負損害賠償責任。經法官囑託不動產估價師鑑定後，確認農舍價值減損217萬6,000元，據此判決應給付該金額給魏男。

案例❷ 豪宅變凶宅 法官判免賠

2022年1月的新聞，台中市七期重劃區市政路一棟大樓，死者柯女的母親於2020年8月向李姓屋主承租該屋，並由柯女

擔任保證人，同年10月18日柯母到南部辦事，並請柯女的友人簡女到家中陪伴柯女。不料當天下午1點多，簡女苦勸並試圖拉人不成，只能看著柯女從15樓墜落中庭身亡。

李姓屋主表示，柯女應知其行為會造成房屋成為凶宅，侵害該屋財產上的利益仍執意為之，導致日後難以出售或出租，且柯母為承租人卻疏於注意致該屋成為凶宅，已構成《民法》第184條的侵權行為；另該屋經不動產估價師鑑定房價減損1,217萬2,795元，要求柯母連帶賠償。沒想到房東的主張竟遭法院駁回，究竟是為什麼呢？

法律從寬認定 民眾放大檢視

房客在租屋處自殺，房東向亡者的財產繼承人求償往往會勝訴，只是賠多賠少的問題，因此以下主要是針對「為何房東的主張遭法院駁回？」來討論。

法院是依法論法的地方，卻也隱藏法官的心證。以案例❷舉例，房東以《民法》第184條作為依據向房客的家屬求償；但法官也以同樣的法條判房東敗訴，其白話文解釋為：自殺既

不太能定義為「故意或過失」，也不算用「不法手段」侵害房東權利，且每個人對於自殺是否屬於「違背善良風俗」的認知也不同；除此之外，屋況並沒有造成物理性的變化，結構亦完全沒受損依舊安全可住人，更重要的是，柯母並非放任不管，有請柯女的友人陪伴關心……等等理由，判房東敗訴。

其台面下的理由，猜測可能包含法官基於同情房客的遭遇（人都死了還要向活著的人求償，根本是在傷口上撒鹽），更何況該屋並非普通民宅，而是破百坪的豪宅，一條人命判賠千萬天價似乎也不符比例原則，所以才駁回房東的主張。

凶宅不是法律用語，是內政部所定義的用詞。翻開《六法全書》，沒有一個條文有提到「凶宅」二字，顯見凶宅並不是法律用語；但是普羅大眾認為，基於風俗民情，凶宅的確會造成房價的減損。

因此，內政部才會特別將「凶宅」作出以下解釋：賣方於產權持有期間，其建築改良物之專有部分（包括主建物及其附屬建物），曾發生凶殺或自殺而死亡（不包括自然死亡）之事實（即陳屍於專有部分），及在專有部分有求死意志與行為而致死（如從專有部分跳樓輕生，而死在其他樓層或中庭）；但不包括在專

有部分遭砍殺而陳屍他處之行為（即未陳屍於專有部分）。

　　只是，每個人、每個單位對於凶宅的認知都不同，內政部解釋得較具體，一般老百姓卻定義得極寬廣！有的買家甚至只要同棟的其中一戶發生過凶宅，整棟大樓就完全不考慮了！因此內政部的解釋，法官當然也只是參考並佐以心證了。

❤ 房東、租客，避免紛爭守則！

多做一件事 省去法官判決困擾

　　雖然我們無法左右法官的判決，但只要多做一道防線便可大幅降低房客在屋內自殺、提高房東求償勝訴的機率。

　　方法是在租賃契約中加註特約條文，俗稱「珍／愛惜生命條款」：禁止房客或同住者有自殺行為，若因此造成房屋成為凶宅，導致房價減損，其財產繼承人須負懲罰性違約金之連帶賠償責任。

　　在租約裡附加這一條可產生嚇阻作用，日後若房客真想輕生，也比較不會選擇在租屋處；將來上法院，法官也省了天人交戰的同理心煩惱，直接依據租賃合約條文判房東勝訴。

　　順帶一提，目前內政部版本的住宅租賃契約書裡並無此條文，如果房東希望獲得更全面的保障，務必自行加註。

悔約要付違約金
究竟是誰的錯？

房子成交，皆大歡喜，但有時在「斡旋金轉為定金後的簽約前」或者是「簽約後的交屋前」就是會發生悔賣或悔買等情事。

無論哪一方反悔，另一方肯定超級不爽，房仲除了空歡喜一場，還要負責善後，誰也不想遇到這種倒楣事。

這類情況，在從事房仲工作這條路上，總有一天會遇到，與其到時再來苦惱怎麼辦？不如現在就買這本書來看，提早教你該如何應對。

案例❶ 仲介沒講 要約書有「悔買賠2%」條文

2022年1月，我以與談人的身分參加一場關於居住正義的座談會，其中一名觀眾舉手表示：「我曾經透過一名仲介買房，他拿出『要約書』，要我把欲購買的價格寫下來，後來屋主同意後，我冷靜想想覺得還是算了。沒想到，房仲竟說，賣家『依據契約』要我賠償總價的2%作為違約金。我覺得那名房仲很可惡，之前怎麼都不講！」

我當場做了一些解釋，話都還沒講完，另一名聽眾就急著幫腔：「他的意思是『反悔要賠2%』這件事，房仲當初沒有講、刻意隱瞞！」所以，這種情況下，買家可以因為房仲沒有解釋要約書的條文，而主張賣家不能索討違約金嗎？

⑤ 買屋、賣房，你該這樣做！

簽任何合約 都要自己詳細把關

關於上述案例，以下 3 點是你必須要知道的事：

第一，無論是下斡旋還是寫要約書，只要屋主同意了你的條件之後，不管房仲事前是否有解釋契約內容，只要你反悔，勢必有違約金產生。試想，反悔若無罰則，誰都可以言而無信，何況要約書是定型化契約，縱然房仲沒有說明，簽名前也該看仔細，不是嗎？

第二，一位服務品質及格的房仲，確實有為你解釋清楚契約內容的義務，所以，若你遇到不願意、懶得解釋、講解得零零落落的房仲，建議一開始就拒絕由他來服務。

第三，其實，違約金未必是 2%，可能是 3%，也可能是其他數字，理論上，反悔的違約金額（或百分比）這一欄，應該要空白，由買家填寫數字上去。然而，有些房仲或公司為了便宜行事，會把違約金額（或百分比）預先寫好或印上去，這是不對的，也是買屋簽約時該注意的細節。

案例❷ 賣方悔賣 買方竟遭受百萬損失

某位買家買了一間中古屋，成交價為 1,050 萬元，已經簽定買賣合約，連簽約款 10% 跟用印款 10% 也都支付了，也就是

210萬元，結果，屋主突然反悔說不賣了，還說只願意賠40萬元，再扣掉買方出的2%仲介費21萬元，等於買方只拿到違約金19萬元。

然而，買方當初為了籌自備款，特地解掉儲蓄險保單共4張，每張保單賠了3萬多元，再加上股票也是賠本賣，為了買房，保單與股票變現造成的損失根本不只19萬元；此時的買家，已經夠心煩意亂了，還聽到房仲對她說：「仲介費拿不回來了」，更是無助到想哭。若你是買家，該怎麼辦？

💲 買屋、賣房，你該這樣做！

顧好每個環節 增加談判籌碼

關於案例❷，莫急莫慌張，你有 3 點應對方式：

①要求賣家以書面方式告知。屋主悔賣，通常是由房仲居間溝通，其訊息是否有所隱瞞，不得而知；照理說，已經簽約了，契約上應該會有買賣雙方的聯繫方式，所以，你可以直接聯繫屋主，或者透過房仲向賣家轉達：無論是要終止或解除契約，請用書面的方式告知，不接受電話、Line 訊息、簡訊等形式，替自己爭取時間。

②補足履約保證專戶價金。按照契約，此時此刻，履保帳戶應該要有多少錢？假設是 1 成，也就是 105 萬元，那就請趕快

匯入該金額。一般來說，履保帳戶裡若有 105 萬元，屋主悔賣就要倒賠 105 萬元；因此，在賣家還沒有以書面的方式告知解除或終止契約之前，履保帳戶裡的金額越多，違約金額越大，賣家就越不容易反悔。

以買預售屋為例，同樣總價是 1,050 萬元，若悔買，建商可以向買家索賠 15% 的違約金，也就是大約 158 萬元。因此，縱然案例❷最後不得已要走訴訟，也請買家奉陪到底，因為法官不太可能只判賣家賠償 40 萬元了事。

③彙整房仲服務不周到之處。「因為買賣契約已經成立了，所以還是得收足 2% 服務費。」房仲的說法或許合乎法理，卻也太過無情，畢竟，反悔的不是買家，房仲若要反制客戶，也應該鎖定賣家；而且，買房流程不是只有簽完約就到此為止，而是要等到交屋後，整個交易過程才算走完，所以，就算房仲堅持跟買家收服務費，情理上也不該收足 2%。

因此，建議買家，可以把從一開始的帶看（有沒有遲到？講解得夠不夠專業？），到下斡旋時（契約審閱期是否要你提前放棄？解說條文是否草率？），再到溝通價錢（一味地要你加價？好像只站在賣家的立場？），直至簽約，包含屋主悔賣後，房仲對你的態度如何？……整個過程，你覺得哪裡有服務不周到之處，全部羅列清楚，替自己累積「爭取服務費減免」的談判籌碼。

菜鳥房仲必學訣竅

學會保護自己 同時兼顧口碑

關於案例❶,我最討厭的就是,買家反悔卻不甘願賠償違約金,總說:「都是被你們仲介洗腦、誘導、逼迫,讓我一時衝動、沒想清楚才寫要約!仲介也要負責!」。

當然,菜鳥房仲確實有可能因為經驗不足而粗心,被客戶抓到一些服務過程的小瑕疵。所以,基於「要成為一個注重個人信用、商譽的房仲」,我由衷建議,不論是屋況瑕疵還是契約條文,都該盡可能地說清楚,不要企圖隱瞞任何資訊。

至於執行面,有些反悔的客戶會拿「審閱期」來栽贓房仲的不是,所以,如果時間允許,請在客戶表明要下斡旋或要約「之後」,與你約時間碰面寫下出價「之前」,就先將契約書,掃描成電子檔傳給買家看。如此一來,當客戶反悔要跟你狡辯時,你才有底氣回嘴:「不好意思,在您要約之前,我就已經傳契約電子檔給您審閱過了,寫的當下也再次為您解釋契約條文,如今,屋主向您索賠違約金,怎麼能怪我?」

至於案例❷,只能說,房地產這個圈子的確存在許多唯利是圖的同行,我只能道德勸說不要得「近視眼」,房仲是服務業,也是業務類型的工作,不僅服務要盡量做到盡善盡美,也該知道,人脈是累積的,客戶是可以培養的,事業是要做長久的。

所以,既然錯不在買家,基於「長遠經營」的思維與「服務口碑」的流傳,建議主動退服務費以彌平買家受傷的心情,相信有那麼一天,你必有意想不到的回報。

頂樓加蓋
違建沒有合法這回事！

台北市在前市長陳水扁時代頒布行政命令，1994年12月31日以前的既存違建特赦緩拆，於是許多「專屬擁有」這個時間點之前的頂加頂樓住戶，在日後賣屋時，也都會強調：這是「合法」的違建，不會被拆。甚至賣家會以「可使用空間變多」為理由，加價出售，相對的，想買頂加的人也會認為「這種房子比較值錢」。

然而，以上描述，不論是針對所有權與合法性，其實，全都似是而非。

買頂加屋 要附住戶同意書

我曾賣過一間有頂加的頂樓物件，期間帶看過一名律師買家，過程中覺察得出來，她在測試我。

我「這個頂加，是我從業十多年來看過最漂亮的頂加，這部分坪數屋主希望以單坪行情的三分之一價格來賣，所以連同頂樓總價會比較高。」

律師買家「可以請屋主出示『其他住戶同意頂加使用權歸頂樓戶』的證明文件嗎？」

我「這個頂加，一直以來都是頂樓戶在使用，其他鄰居也都知道，屬於『長年默認』；如果這時為了賣房，才請鄰居補簽『頂加屬頂樓戶專用』的文件，反而讓人覺得奇怪。」

律師買家「那你可以保證，我買這個頂加，不會有風險？」

我「這個頂加是在1994年以前蓋好的，屬於『既存緩拆』的『違建』，只要您不往外增建或往上蓋高，只做室內整修，在不影響逃生動線的前提下，原則上是不會有事的，但『無法作任何保證』，我們房仲只是善盡告知義務，您若願意承擔風險，再買；若有疑慮，就

不要買。」

於是，這名律師買家，最終還是出價了。

購買頂加屋 會有潛在風險

由於頂加可作為「多出來的使用空間」，因此被公認為是高
CP值的房產類型；如果是室內梯打通的頂加，多半拿來自用；
若是必須經由公共梯間才可抵達的頂加，有些住戶就會拿來出
租，於是出現「屋主住頂樓，房客住頂加」的情況，拿頂加的租
金來繳房貸，養房確實很輕鬆！除此之外，頂加還有一個物理作
用，就是替代頂樓戶承受日曬雨淋，有防滲水及避曬的效果。

頂加的價值，市場上一般是以行情單價的四分之一計算，
但還是要看屋況與結構；假設是鐵皮屋搭建，恐怕就得以五分之
一甚至更低計價；若是加強磚造則可能是四分之一，若是鋼筋混
凝土或經過整修、屋況與結構良好的頂加，則有機會達三分之一
價。可見，頂加確實有其價值。

不過，有頂加的房子，潛藏的壞處也不少，例如被檢舉查
報，恐有拆除的風險，還有增加原建築物的載重進而存有結構安

全的疑慮，導致生命與財產的可能損失。

　　尤其以台北市而言，為了加快都市更新、整頓市容觀瞻或預防危害公共安全，建管處已啟動「台北市違章建築處理規則」的修正作業，對於1994年以前的既存違建將「不得修繕」，若有修繕行為，則優先查報拆除，修法通過後預計於2023年起實施，不可不慎！

$ 買屋、賣房，你該這樣做！

接手頂加屋 容易發生糾紛

　　記得，頂加並沒有房屋權狀，因此沒有「所有權」，只有「使用權」，而其使用權是屬於「全體住戶」的。

　　因此，當初向建商購買時的第一手屋主，記得一定要取得「約定專用」或「分管協議」等文件以獲得保障；不過，對於屋齡已30、40年以上老舊公寓的頂加，頂樓戶早已不知換了幾手，當年的建商與買家也根本不具相關法律知識，因此在實務上，絕大多數的頂加，沒有書面文件可以一併移轉給下一手買家。

　　而現任屋主，等到要賣房時，也不太可能向鄰居們請求補簽「頂加使用權歸頂樓戶」等同意書，因為這樣做反而會讓其他住戶們發現，原來我也可以主張「共享」頂加的使用權與收益。這也是為什麼，頂加的糾紛，總是都發生在接手後的買家身上，畢竟，礙於老鄰居的情面，通常不會跟前手屋主計較。

 法律教室

買賣契約書加註文字說明　多一層保障

　　購買頂加屋前，一定要詢問屋主或仲介，並詳閱「標的現況說明書」，了解該頂加是否曾有報拆紀錄。再來，當確定成交時，可以要求賣方與房仲，在買賣契約書中註明「此頂加『目前』由頂樓戶（約定）專用／使用」等字樣；這樣，就可以降低日後被其他住戶們找麻煩的機率。

　　記得，「合法違建」只是個話術，「違」建沒有「合法」這回事；另外，各縣市對頂加的法規也不盡相同，購買前一定要了解相關資訊（例如台北市廢除陳水扁擔任市長時頒布的違建特赦令）；還有，平時要主動整理頂樓平台等公共區域，如果因此產生費用亦需自行負擔，以做好敦親睦鄰。

MEMO

Part

2

買屋、賣房
看懂房仲銷售話術

所有屋況的缺點，房仲都有一套相對應的說詞，

並訓練到無時差地回答：其實它是優點，

以便成功說服你出價。

別把房仲想得太黑心，

你認為的缺點，可能是別人想要的優點，

但如果腦袋不夠清楚，當下很容易被洗腦成功！

缺點講成優點
15個房仲話術大公開

前幾天和親友們聚餐，其中一位席間聊到最近買包包的過程，聽了覺得有趣：她逛夜市時經過某攤位，看到一個好看的包包，猶豫到底該不該買？因為，這個包包很迷你，小到把手掌撐開就可以整個握住，並不實用。

銷售人員在知道她掙扎的點是什麼了以後，便說：「這包包裝不下多少東西，但可以『裝』可愛。」於是，這名親友二話不說，立刻買單。

無論賣的東西是什麼，在銷售領域裡，話術都能觸類旁

通。以房屋買賣來講，當你提出屋況的缺點時，通常房仲早已準備好一套說詞，並訓練到就像觸碰膝蓋反射區那樣無時差地回答：其實它是優點，以便成功說服你出價。

破解房仲話術 避免不小心被洗腦

只是，到底你是真能接受這些缺點的另一面，還是當下已經被洗腦到衝動購買了？這就要有意識地提醒自己多注意了，以免買了房子之後才後悔。

以下是我整理的，「明明是缺點，房仲卻說成是優點」的例子。

話術①

當買家說：「1樓，採光差，蚊蟲多，比較沒隱私。」

房仲會說：「免等待電梯，免爬樓梯，發生災難時逃得最快，門口還可以當自家的免費停車位『占用』。」

話術②

當買家說：「4樓諧音是『死』。」

房仲會說：「諧音其實是『賜』，賜你平安啦！而且價格

還比較便宜。這個社區地下室到B2，應該連同地下室一併計算，嚴格來講，這層算6樓。」

話術③

當買家說：「頂樓，夏天熱得要死，冬天冷得要命，又容易漏水，水壓也不夠。」

房仲會說：「淺眠的人就應該住頂樓，不怕樓上會有蹦蹦跳跳的頑皮兒童吵你；頂樓平台也可施作防水漆以及防曬塗料等處理；水壓問題安裝加壓馬達即可解決，重點是，頂樓的視野無敵。」

話術④

當買家說：「屋齡新，公設比高，住戶陸續搬進來，裝修期很長、很吵。」

房仲會說：「新房子增值的幅度會比較大，且等到要脫手時屋齡還不算舊，水管、電線也相對新；只要你的工作型態是白天在外，人家白天裝修施工，對晚上回到家休息的你，毫無影響。」

話術⑤

當買家說：「毛胚屋，還要花錢整修。」

房仲會說：「樓上也有一間含裝潢的房子在賣，但格局太特殊未必實用，原屋主裝潢風格也不是你的菜，買了之後還得多花一筆拆除費才能裝修，這樣算起來，毛胚屋反而比較划算呢！」

話術⑥

當買家說：「夾層，會有壓迫感。」

房仲會說：「高坪效耶！而且收納規劃的魔術空間頗具巧思，平常少用的雜物統統都可以藏起來。」

話術⑦

當買家說：「老舊公寓管線要重拉，又有漏水、壁癌等疑慮，買完還要整修。」

房仲會說：「沒有所謂『零公設』，只有『公設未登記』的房子，老公寓買了立刻申請補登建坪，權狀坪數瞬間增加，房屋馬上就增值！何況低公設的房子使用空間實在，年輕人不怕爬樓梯，老年人當運動養身，長期持有還可以做都更美夢哦！」

話術⑧

當買家說：「凶宅，有點可怕。」

房仲會說：「福地福人居，你八字重，鬼怕你才對吧？何況你是買來收租的，怕什麼？而且你又不迷信這個，重點是，超便宜耶！」

話術⑨

當買家說：「沒有天然瓦斯，無法熱炒，冬天熱水不夠，洗澡不能洗久一點。」

房仲會說：「電熱比較安全，家裡少了油煙味，住起來也比較舒服，電熱水器買公升數大一點的即可解決。」

話術⑩

當買家說：「公園第一排，蚊蟲叮咬機率高，清晨時免調鬧鐘，一群叔叔、阿姨們練氣功時會順便叫我起床。」

房仲會說：「景觀第一排，視野舒適、房價保值、空氣又新鮮；怕吵，加氣密窗就好。」

話術⑪

當買家說：「河景第一排，房價超級貴，又有風切聲。」

房仲會說：「在都會區裡，河景比樹景還稀有，更保值！棟距遼闊、心曠神怡，除了加氣密窗可以搞定呼嘯聲之外，好房子的屋主都惜售，別老想著買到『超值』，而是該『物有所

值』，買對就不怕買貴啦！」

話術⑫

當買家說：「西曬很熱。」

房仲會說：「台灣屬於溼氣過重的海島型氣候，反而適合西曬屋，除了晾衣服比較快乾，室內也容易保持乾燥，還能『低調賺大錢』（台語：座東向西，賺錢沒人知）喔！」

話術⑬

當買家說：「房子沒車位很麻煩，還要另外租。」

房仲會說：「少買車位，少付數百萬元，總價更低，買房更輕鬆；何況車位是『死豬仔價』不易增值，租比買划算啦！日後如果有鄰居要單賣車位的話，單買車位的價格反而比較便宜呢！」

話術⑭

當買家說：「沒有垃圾處理，要出門等垃圾車好麻煩。」

房仲會說：「只要作息時間固定，等候垃圾車的『習慣』養成了以後，感覺根本沒差！除了社區管理費變得比較便宜，還能藉著等垃圾車的時間，跟附近鄰居認識交流一下，也很不錯啊！」

話術⑮

當買家說：「這房子緊鄰廟宇，不好吧？」

房仲會說：「有神明保佑耶！而且廟方人員都很自制，除了農曆春節、端午、中秋等重大節日外，平時安靜得很！況且現在都呼籲香客盡量合十參拜，規定一爐只能插一柱香，有些燒金紙還會統一時段，甚至安裝空氣濾淨器，如果仍遲疑，你可以走進廟裡擲筊，出現聖筊，就表示神明也歡迎你搬來跟祂當鄰居！」

$ 買屋、賣房，你該這樣做！

買屋設定條件 一開始「大概」就好

有時，你所設定的購屋條件，其實是相衝突的，例如：你想買小套房，卻又堅持要有天然瓦斯或戶數要少；你想買新房子，卻要求公設比必須低於 30%；你想要遼闊棟距，卻又覺得大馬路第一排好吵……就跟買包包的案例一樣，你是要實用，還是要買來裝可愛？當然你也可以「全都要」，只是需要時間找，也要看緣分，對吧？

說到買房，我也是過來人，每個人的喜好不同，甚至會一邊看房，想法跟著滾動式變動；所以，**買房的條件設定，建議一開始「大概」就好，別想太多，踏出看房的第一步再邊看邊調整，才是王道**。記得，沒有十全十美的房子，就算有，唯一的不完美，就是價格。

買家付費才能看屋
你能接受嗎？

房仲帶客戶看房，有些社區規定要收「看屋費」，其中一個理由是：房仲都帶「觀光客」來看房，收取帶看費，可迫使房仲過濾客戶的誠意度，藉此降低帶看次數、維持社區安寧，還能增加社區的額外收入。

然而，經歷以下2次的經驗後，我真心建議各社區，如果硬要收費，與其向經濟弱勢房仲的荷包開刀，不如針對有錢又閒的買家收費，這樣，才不會有那種連功課都不做，就來浪費社區電梯電費的假買家了。

案例❶ 不事先看資料 現場才說不符需求

某買家，看到我刊登一間2樓的房子，於是加了我的line，並將售屋廣告截圖給我看。

買家「我在網站看到這個物件，想約後天下午2點看屋。」

我「好的，沒問題，後天下午2點整，我們在明水路的社區門口見。」

買家「可以再傳一次資料給我嗎？」

我內心疑惑，不是看到廣告才和我聯繫的嗎？資料都寫得超級詳細呀！算了，再傳一次無妨。於是，我把資料傳給買家，並附上我拍攝的屋況影片。

隔天，我傳訊給買家：您好，溫馨提醒，明天下午2點整，明水路的社區門口見。

當天，看屋前1小時，我又傳了一次訊息：午安，等等2點整，明水路的社區門口見喔！結果，買家還是遲到超過15分鐘，我告訴自己：深呼吸，平常心。

買家 「不好意思，我以為是別棟。」（我傳的地址沒有巷，
也沒有弄，怎麼會搞錯？）

我 「沒關係，走，我們進去看屋吧！」（臉上掛著不失禮
貌的微笑）

買家 「我們要看的是幾樓的房子？」進電梯後，買家問。
（挖哩勒！）

我 「是2樓的物件喔！」（臉部肌肉有點僵硬的微笑）

買家 進屋後，買家繞了一圈後說：「怎麼空間這麼小，我
東西不夠放，不考慮了。」

這時候，我只能再次告訴自己：深呼吸，平常心！

$ 買屋、賣房，你該這樣做！

別浪費自己的交通費和時間

明明這位客戶看了我刊登的廣告才打電話給我，我還把物件的資料與屋況影片都傳給了客戶，前一天及當天帶看前 1 小時做了雙重提醒，也把地址給打了上去，結果，遲到的原因竟然是迷路認錯棟。

進了電梯之後還問我「賣的是幾樓？」……要看屋之前完全沒搞清楚狀況，難怪，看了現場才發現房子不符合需求，真的不意外。

要浪費房仲的時間，其實無所謂，身為房仲，本來就沒有妄想帶看 1 次就成交，只是，身為現代人，平時大家應該都很忙吧？如果你事先沒有做功課就約看屋，不覺得浪費自己的交通費與時間嗎？

案例❷ 公設陽春、空間不夠 處處不滿意

某日，一名房仲同業，帶著買家來看我的專任約物件。抵達現場時，身為賣方經紀人的我說：社區規定1樓的公設，只能在沒有住戶使用時才能看，今天很幸運，現在剛好沒人，我們先看吧！

1樓公設：挑高迎賓大廳與交誼廳

買家　「好陽春喔！跟我們家社區比起來差好多。」（喔，買家喜歡公設多元的社區）

買方經紀人（同業）　「2樓公設是禁止參觀的，我們私下拜託管理員才能看，剛好現在這個時間也沒有住戶在使用公共設施，趕緊去看看吧！」

買家　「這什麼規定？我家社區的公設都嘛可以看。」

2樓公設：溫水泳池與健身房

買家　「就這樣？沒有其他的公設了？還是我們家社區比較好。」（好啦！我已經知道你家的社區，比我接的案子來得好了！）

到屋內賞屋

買家　「空間太小了，這社區還有大一點的坪數在賣嗎？」（我原本想回答有，但是……）

買方經紀人（同業）　「沒有，您目前看的這戶，是社區中最大的坪型了，而且這社區都很惜售，目前只有這一戶在賣。」買方經紀人搶答道。

買家是同行的客戶，既然已經說出口，我也不好意思當買家面前糾正同行。

💲 買屋、賣房，你該這樣做！

事先做功課 降低被騙機率

不論你住的社區，是否真的有比房仲正在賣的社區好，你都不可能從房仲的嘴裡聽到真心話，何況，到底哪個社區比較好，其實很主觀。所以，你開心就好。

再來，看屋前，自己若能把基本功課做足，比較不會浪費寶貴的時間，例如，從廣告文案裡，你可以事先知道，室內實際使用幾坪？社區公設有哪些？如果覺得空間不夠用，或嫌公設太陽春，便可不用約看。不然，**當你表現出什麼資料都沒看就來賞屋的樣子，其實很危險**，萬一你被不熟又不肖的房仲給騙了，怎麼辦？

綜合上述，希望各大社區的管委會能明白，買家是房仲的客戶，無論是不是看爽的，只要約看，就得服務。要做到事前過濾，實務上的確很難，總不能對客戶說：「別浪費彼此的時間，確定有誠意再看哦！」我想，這樣講客戶應該都跑光光了吧？

因此，如果看屋要付費的是買家，而不是房仲，情況是否才會獲得改善？藉此引導買家，看屋前要做功課，沒興趣，就別浪費錢去看屋，也算幫了房仲一個大忙，功德無量。

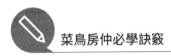

菜鳥房仲必學訣竅

不需要撒謊 破壞客戶信任感

當遇到愛遲到、又沒有事先做好功課就來看屋的客戶時,記得,房仲是服務業,明知而不說破,是服務的一環,也是慈悲的表現。客戶在嫌東嫌西時,也不需要反駁,聽客戶講就好,因為,客戶講越多,你觀察他的機會就越多;而且,只要有喜歡,客戶之前對房子的所有批評,會給自己找理由圓場。

另外,我也想向案例❷的買方經紀人說:這個社區,明明有別的戶型在賣,可能是別間的接案人不願與你配案,或是你來不及聯繫又深怕抓不住客戶,擔心買家與別家房仲聯繫,才會一時撒了小謊,騙買家說帶看的這一戶是社區僅有的一間,也是社區裡最大的坪型。(明明我這間是社區的最小坪型)

我理解你之所以這麼說,是想讓買家「別無選擇」;但是這種明明滑手機就會查到的資訊,實在沒必要說謊,畢竟,當客戶知道了以後,只會減損對你的信任。所以,與其「鎖案」讓買家只能選擇要或不要,不如趕緊開發或是快點跟其他同業合作,讓客戶看個夠,唯有確實全部都看遍了,買家才會進一步認真思考,到底要買哪一間。

房價上漲時
別急著「由小換大」

在 2021～2022年這段期間,因為美國無限QE、熱錢湧
入,導致台灣房市全面飆漲,有位房產線記者問我:
「身為有殼一族,職業還是房仲,面對這一波房市熱潮,應該
很開心吧?」這段話看似有邏輯,我卻是百感交集。

我回想起2015～2018年間,跌跌不休、低迷不振的房市,
當時我接到很多外區賣房的委託案,近一點的有台北市內湖東
湖、文山區,遠的甚至到台中七期、南投埔里,我都接過。

這類賣家多半的想法是:因為我是銷售高總價的仲介,對

於那些有錢的客戶而言，外區的房子相對便宜許多，如果我能介紹「盤子」去買，說不定還能為當地創新高單價呢！

殘酷的事實是，他們的房子，根本早已委託當地房仲銷售多時仍賣不動，才會對銷售豪宅、外地的我，抱存一絲希望。

案例❶ 用距離換空間 好地段留給有錢人

有一名住在台北市東湖、即將搬家去新北市汐止的屋主，跟我分享他的經驗：他當初住在離大直比較近、也比較貴的西湖，後來房價一直漲，加上家裡的東西越來越不夠放，便由西湖轉到內湖去；之後生小孩、人口數增加，又從內湖換到較遠的東湖，最後買到汐止去，居住空間雖然越換越大，可是卻離台北市中心越來越遠，雖然同樣是住新屋，但因地段不同，房價相對便宜許多。

因此他深信，一定也有像他這樣的人，希望我能將高總價客戶介紹去東湖買他的房子，幫助他脫手變現。一開始，我被說服了，但後來都賣不太動，於是我覺察出這個邏輯有個盲點，那就是：真正懂房地產的人，不會選在房市火熱時進場。

案例❷ 房產沒有神話 不可能只漲不跌

過去房價高漲的年代，很多豪宅從1億元喊到2億元，每坪單價從200萬元喊到接近300萬元，價格堪稱「雲端級」，有錢還買不到！要嘛過去從不釋出，就算有，也是屋主的朋友或鄰居買走，根本流落不到房仲市場。有的屋主甚至只是拿出來「試水溫」，若買方真的出價達標，又突然收起來不賣，隔沒幾個月，重新調整價錢再賣，這就是讓人覺得可惡的炒房亂象！

然而，2015年底開始市場一片唱空，輿論一路喊跌，同為大直河景第一排、比鄰而居的「代官山」與「輕井澤」這2棟知名豪宅社區，在2016年忽然同時有多戶在賣，且隨著時間的推移，價格越賣越低。

從2014年3月「代官山」成交單價232.7萬起算，2015年「輕井澤」每坪單價分別下修為：5月209.2萬元、12月180萬元，到了2021年，北市豪宅沒有享受到美國灑熱錢的紅利，9月時更跌至單坪165.7萬元，最高與最低行情價差高達67萬元，以單戶百坪計算，2021年買比2014年便宜了6,700萬元！光是忍住不買房，1年就替自己省下近千萬元的購屋金！

$ 買屋、賣房，你該這樣做！

越晚越買不起房？別再自己嚇自己！

已經買到房子的我，由於購買的時間點是在 2020 年 10 月，可說是起漲點，從實價登錄資訊看出，前屋主是小賠賣給我，這部分我感到慶幸；身為屋主，我不是炒短線的投資客，沒有要賣房，而是要長期持有，透過繳房貸把買房當存錢，所以這波漲幅對我來說，就只是紙上富貴，因此無感。

身為房仲的我，房價漲越高，買得起的人越少，而且多數屋主都想賣天價，成交困難度也提高。除此之外，覺得房子「很好賣」、不想給仲介賺的自售屋主也變多；而中南部因為房價基期較低，讓資金潮脫北，房市呈現「北冷南熱」，更讓身為北部房仲的我開心不起來。

假設我是換屋族，房價上漲時，仍堅持買房，為了「由小換大」而被迫「由蛋黃搬至蛋白區」，我會覺得可惜。例如藝人林舒語，為了需要更大的居住空間，有買房的急迫性，因此 2021 年棄守原本住在北市東區的核心地段，轉移到汐止山上的別墅。

再舉個例子，我的房子是 1,000 萬元，我想買的房子是 2,000 萬元，同樣漲幅 10%，我的才增值 100 萬元，別人的卻增值 200 萬元；相對的，房價若下跌 10%，我的房子才虧 100 萬元，別人卻虧了 200 萬元，一來一回間，買房換屋，反倒替自己省了 100 萬元的支出……看懂這個邏輯了嗎？**別再被業者帶風向，陷入「越晚越買不起房」的恐慌裡**，記住：

① 房價漲，是賣房的最佳時機；下跌時，才是買房、換屋的大好時機。

② 別再說屋主都希望房價一直漲、房仲是炒房的幫兇了！起碼我不是，我真的不是。

2-4

不好意思
不買的人最大！

你是否曾考慮買下某間房，卻因屋況不透明、房仲一問三不知、賣家態度不佳，讓你顧慮再三？有時不是房子有問題，是接待你的人不專業或姿態高傲，最終只因不爽而作罷。

買房這件事看緣分，也很重感受，記得，不買的人最大。

案例❶ 沒水沒電 用「現況交屋」讓客戶買單？

我曾接過新北市新莊頭前重劃區的物件，是一間近10年無

人住過、斷水斷電、建商交屋時給的簡配屋況；比毛胚屋好一點的是，有地磚、廚具及衛浴設備，除此之外，什麼也沒有。

其中，有一組買家有興趣，卻猶豫了，他把顧慮告訴了我：第一，沒有電，如何測試總電源？如何知道電盤、電線是好的？第二，沒有水，假設買了之後申請復水，交屋後才發現，原來水管有破裂導致漏水到樓下，怎麼辦？重點是，漏水不屬於重大瑕疵，無法解除契約，只能主張賠償或修繕。可是通常買家的心聲是：早知道有漏水，我根本就不會考慮買啊！

聽完買家的想法後，我告訴自己：不能偷懶，不能用「現況交屋」的說法來搪塞，應該要「站在買家的立場」著想，回報並說服屋主配合。好在，屋主也聽進了我的建議，爽快地即刻辦理復水復電。

$ 買屋、賣房,你該這樣做!

發現漏水問題 可要求賣家負責

將心比心,買房動輒上千萬元,「我若不謹慎,誰替我小心?」對吧!仲介公司「產權調查報告」裡的「屋況說明書」中,其中有一項「產權持有期間,管線是否更新過?」請屋主記得勾選。

坦白說,電的部分,無論賣方勾是或否,成交之後才發現電線配備壞掉,通常難以求償,畢竟屋主賣的「就只是房子」;但是,藏在壁體內的水管就必須嚴肅看待,因為沒有復水,根本無法檢測漏水。

在此也要提醒賣家,交屋之後才「發現」原本就有漏水(注意字眼,是發現,不是發生),買家仍可要求賣家負責;所以,我們也該效法案例中的賣家,即刻復水復電,以降低交屋後發生糾紛的機率。

案例❷ 不清楚屋況 還堅持不二價

2022年4月,我帶買家去看一間大安區的中古華廈,一進屋內,女屋主立刻拆封幾雙拋棄式紙拖鞋給我們穿,顯然有潔癖;只是,女屋主一句話也不說,走到餐廳獨坐滑手機,頗有距離感;接著由同業的賣方經紀人,為我們導覽屋況。

當我們走進其中一間臥室時，發現有一道梁，疑似被切割過的痕跡，角邊如波浪狀般的不平整，買家好奇發問，但賣方經紀人並不清楚是怎麼一回事。這倒還好，畢竟房仲又不是裝修師傅或建商，我也不懂啊！只是，當我們請屋主來看時，她也只是說：「不清楚，我買的時候就這樣了，沒動過結構。」態度冷漠依舊。

我　「屋主的底價多少？」我問賣方經紀人。

賣方經紀人　「直接開底價賣。」又接著說：「屋主是法拍取得，當時是房市高點，加上地點很好，一堆人搶著標，最後在『競標』的情況下買到，所以成本高。」

我　「雖說競標確實可能買貴，但一般人總會將法拍聯想到『便宜』，如果要用上述說法讓買家相信女屋主當時確實買貴了，就得拿出證據。」

賣方經紀人　「我是房仲，不是法拍業者，無法得知，只知道屋主沒有要賺，只想把持有多年的成本，例如管理費、房屋稅、地價稅、裝修費……加上去，平轉即可。」

後來，我請法拍界的前輩籃茂山，幫我查到女屋主的購屋

成本，發現是5,000萬元，而這間房子的售價是6,500萬元，在
與買家討論之後，決定不考慮這一間，繼續看房。

$ 買屋、賣房，你該這樣做！

尊重專業 該讓房仲賺的錢別省

關於這個案例，我想給女屋主 2 點忠告：

① 妳堅持房仲帶看時自己要在現場，或許是怕房仲破壞房子，總之無論原因為何，請親切一點。我知道，表現稍微熱情，可能讓買家誤判妳急售，但若只是自顧自地滑手機，不但無法讓買家享受看屋的過程，也對房仲的銷售毫無幫助，不如迴避。

② 「開底價賣」的屋主，多半的想法是：對利潤有一定的堅持，也擔心預留殺價空間，導致開價過高，沒人有興趣看房，而且，還怕仲介賺太多。這樣的心態，恐怕很難讓房仲為妳賣命。

像這樣，底價要堅持，廣告價也要管，一旦房仲手握 A 級買家，妳的房子就只會被拿來「轉案」用，建議所有要賣房的屋主，請尊重房仲的專業與辛苦，若真心想賣，價格就別偏離行情太多，同時，該賺的，還是要給人家賺。

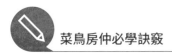

返璞歸真 最能抓住客戶

關於案例❶，將來有一天，若你也賣到一間無水無電的房子，記得務必要求屋主復水復電；這樣做，除了能讓自己更了解屋況，有了水，你也能幫忙清潔打掃，多辛苦一點沒關係，可以為自己的服務加值；帶看時還可以開燈，室內較明亮，這些都有利於成交。

這個案例最終成交了，之後發生一個小插曲，在交屋前 3 天，我突然接到了社區管理員的緊急來電，通知我，樓下住戶反映漏水，我二話不說，衝去現場查看，原來，是 10 年來從未使用過的馬桶內部零件老舊，申請復水之後因零件脆化，抵擋不住水壓而宣洩多日。

好在，管理員略懂水電修繕，及時將馬桶的水管拴住才止漏，買家知悉漏水原因是出在馬桶，而非壁體內的水管，也就不計較，最終有驚無險地交屋，我還記得，那一期的水費結清費用高達 4,801 元！

至於案例❷，我想跟賣方那位房仲同業說，與其扯謊：「屋主當年法拍取得成本高，但不清楚成本是多少？」不如改口：「當時成本多少不重要，屋主就是參考目前行情而決定要賣這個價錢」不就好了？

老實說，一間屋齡 30、40 年的房子，房屋稅肯定超低，地價稅頂多貴一點，沒有管理員且持有不到 10 年，管理費自然不多，裝修水準也陽春，當年成本 5,000 萬元，現在要賣 6,500 萬元，還放話說沒想要賺錢、不二價……可想而知，買得起這樣總價的客戶，也不會是泛泛之輩，既然感受不舒服，那就換下一間吧！

以我為例，房仲做越久，越是返璞歸真，因為我深知：當你想用話術去隱瞞或欺騙時，客戶肯定能覺察出來，與其這樣，不如婉轉地誠實說，相信最終的結果，會是好的。

這是房仲開發話術
別以為你家很搶手！

親愛的屋主們，你是否有過以下類似經驗——當你將房子委託A房仲賣之後，沒多久你的手機就會陸續響起B、C、D房仲的來電；有些大品牌房仲業，甚至會對旗下區域內的分店業務員下令輪番去電，疲勞轟炸你。

你會疑惑，為何房仲都有你的手機號碼？甚至連不常使用、鮮少人知道的住家市話，也因賣房開始響不停？關於這點，請上網搜尋「房仲開發神器小白機」關鍵字即可明白，不肖人士販售屋主個資早已行之多年，也就別太意外了。

以下2個案例，是陌生房仲來電，希望你將房子委託給他賣的話術，你是否覺得似曾相識？甚至早已聽膩。

案例❶ 接到別家房仲電話 表示開價太低了

有一次我接了一個專任約物件，隔沒幾天，屋主突然私訊我，以下是對話內容。

屋主「剛有一位〇〇房屋的仲介打給我，不知道他為什麼有我的電話，還說我價格開太低了……哈哈哈。」

我「這家房仲業都來這招啊！」

屋主「我覺得有點莫名其妙。」

然後，我與屋主通了將近9分鐘的電話，得知他與另一家房仲（簡稱A房仲）的通話過程原來是這樣：

A 房仲「你的房子是被法拍了嗎？還是有瑕疵？」A房仲劈頭就說。

屋主	「蛤？什麼沽怕？什麼取瘋！」屋主覺得突然。
A 房仲	「你是不是有房子委託陳泰源在賣？」
屋主	「你誰啊？」
A 房仲	「我○○房屋啦！你價錢開得太便宜了吧？你被仲介騙了啦！」
屋主	「喔，所以呢？」
A 房仲	「現在那邊1坪都XX萬了，你開這種價錢，我馬上就可以找到人買了！」
屋主	「你怎麼會有我的電話？」
A 房仲	「不委託我賣沒關係，你再想想看，別被仲介騙了！」

通話結束。

⑤ 買屋、賣房，你該這樣做！

別過度抬價 把買家當「盤子」

這種為了進案源，不惜講同業壞話的離間小伎倆，聰明的屋主一定能識破；退一步說，假設別家房仲真有買家，就代表你委託的房仲基於你賦予的信任，為你堅守住價格，才會讓買家試圖透過其他房仲與你聯繫。

好事多磨，只要買家「真的很喜歡，而且非買不可」，就有機會賣到你心目中理想的價格，當然，出價可以在合理區間偏高，但不是天價，畢竟時下資訊透明，可都別把買家當「盤子」啊！

案例❷ 樓上沒買到 手上有現成客戶

2022年3月28日，某間委託我賣屋的屋主收到別家房仲傳的簡訊，內容大致如下：鄭先生您好，我是A仲介公司的葉先生，我在網路上看到您有房子在賣，我有一位客戶，曾經出過和您社區同一棟樓上的斡旋，但當時我們屬於第二順位，所以沒買到，那位客戶對您社區的房子依然喜歡，希望鄭先生可以給我們一個機會推薦給客人，我們這組客戶，都會先去跟別的仲介公司看屋，再回頭跟我說要看哪一間、喜歡哪一間。

　　屋主收到這封簡訊時，轉傳給我，說道：「不知道對方如何有我的電話號碼，給你參考，我要把簡訊刪了，哈哈！」

　　於是，我加了這位同行的line，告訴他：「你好，我是某某社區4樓的專任約接案人，屋主有將你的簡訊傳給我看了，如果你真的有買家，歡迎與我聯繫，我們公司可以跟不同品牌的仲介合作，謝謝。」

　　A仲介公司的葉先生回：「了解，好，我跟客人聯絡。」然後，就沒有然後了……顯然根本沒買家。

💲 買屋、賣房，你該這樣做！

別輕易被「有買家」的話術騙了

　　用簡單的邏輯思考：網路那麼發達，買家對感興趣的社區，會不知道哪間有在賣？如果物件很搶手，買家難道不怕晚一天看房就錯失先機？若A仲介公司的葉先生堅持不跟接案人（我）合作，難道，他的買家就寧可不看，寧願不買？

　　思考後你就知道，只要對方真有買家，自然會聯繫你已經委託的仲介；**正因為是假的，純粹為了開發物件、增加進案量，房仲才有那個美國時間跟你耗。**

菜鳥房仲必學訣竅

自以為聰明 這些招數都被用過了！

關於案例❶，撇開同業彼此的競合關係不談，不曉得你是否同意，在台灣，就是因為有「一般約」（指屋主可以自售或委託多家房仲出售房子）這種爛制度，才會衍生出「踩線文化」──為了接案，透過地下管道取得個資，然後向屋主講接案人的壞話。若是個人行為，那就是品行有問題，若是店長允許、甚至是公司的教育訓練就是如此，那麼，這絕對不是你該待的公司。

回頭來說，在只有「專任約」（全權委託一家房仲處理賣屋事宜）的國外，若是跳過接案人與屋主聯繫，甚至跟屋主講接案人的壞話，若遭檢舉並經查證屬實，踩線的同業將面臨慘遭吊銷執照的命運。所以，國外的房產同業，懂得尊重彼此，若有買家，只會合作配案；也因為踩線是不被允許的行為，所以，國外每位房仲所付出的時間、廣告行銷預算、交通油錢、帶看體力、議價心力……等成本，最終必有回收，這也促使整體的仲介文化更健康。

講到這邊，你是否願意和我一起共同努力，朝向「台灣只有專任約房產制度」的目標邁進？最後一提，若你真有買家，直接來電合作，我好配合；但若是一直騷擾我的客戶，因為「反開發」不成，才不得不與我聯繫，很抱歉，我會耐心等待你的買家跳過你，最後跑來找我看房，然後成交。

至於案例❷，關於「客戶很喜歡這社區，只是晚了一步沒買到別戶，如今想談你這間」、「客戶跟我很熟，只會跟我買」這

類話術,其實只要有足夠的社會歷練或賣過房的經驗,屋主們應該都聽膩了;所以,除非你講真的,否則別太頻繁使用這類話術,以免被揭穿。

一般約物件通常比較好開發,因為屋主急售才會到處委託;但如果是專任約物件,代表屋主與受託房仲有一定程度的信賴,想要反開發成功?難啊!因此建議你,與其為了進案而去踩線,不如與專任約接案人合作,才能擁有更多時間用心經營自己本來的客戶。

合約過期私下成交
不用付仲介費？

有些賣房的屋主不想支付服務費，卻又希望能享受房仲的客戶資源，這類屋主的想法通常是：假設房子的成交價是1,000萬元，對賣方而言，還要付40萬元服務費，實際上僅得960萬元；對買家而言，也得付20萬元服務費，實際上付了1,020萬元；換句話說，如果少了仲介費，雙方共省下60萬元。

於是，這類屋主就會動歪腦筋：把委託期寫短，例如僅1個月，讓房仲們大量廣告促銷，這樣一來，市場上符合需求的買家們，應該大部分都知道有這個案子在賣了；接著，在房仲帶

看時，賣家也有機會與買家互動，藉機暗示：我仍住在這裡，我很好聯繫。

然後，期待也想省服務費的買家主動聯繫，等到委託過期再私下成交，就能免付仲介費。

這樣的聰明計劃，實際上真的可行嗎？

案例❶ 買家出價 房仲沒向屋主回報

某買家，透過房仲看了間房子，賞屋後表示喜歡並且下了斡旋，但房仲覺得價格太低，屋主應該不會賤賣，於是沒向屋主回報，回頭對買家演演戲，直接說：「價格太低，屋主不同意。」便不了了之。

就這麼巧，隔沒幾天，在一名共同友人介紹下，買賣雙方竟然私下碰了面，並且談妥了價錢，順利簽署買賣契約，這時買家也才知道，原來房仲當時並沒有將他的出價告知屋主。

後來房仲知道了，氣沖沖地跑去向賣家主張違約，本來以為可以索討到服務費，沒想到，最後卻反被買家提告，以道歉收場。

案例❷ 房仲和你要服務費 關我屁事？

某天我接到一通沒有顯示號碼的來電，一位屋主吞吞吐吐地說：「我的房子原本交給房仲賣，期間，曾經帶看過的一組買家與我私下聯繫，請我等委託過期後再跟他簽約。我聽了這個建議，等到合約到期後的隔天，就跟那名買家簽約了。沒想到，房仲竟然跑來向我索討服務費，這樣合理嗎？」

我回：「不好意思，由於您的來電沒有顯示電話號碼，礙於公司規定，無法提供諮詢服務。」（掛斷）

💲買屋、賣房，你該這樣做！

委託合約期滿 仍有附加條款

在仲介公司的制式委託合約裡，不論是一般約還是專任約，都清楚載明著類似的條文：「賣方於委託期間屆滿後的 3 個月之內，若與曾經帶看過的客戶，或客戶之配偶或二等親內之親屬成交者，仍應支付服務費。」

換言之，假設屋主委託房仲賣房 3 個月，已被帶看過的買家，若想跳過房仲私下成交，得在合約到期之後再等 3 個月，也就是半年以上才可以私下成交。換言之，**縱然委託期已過，房仲當然可以向買賣雙方索討仲介費。**

法律教室

自製帶看記錄本 具保護功效

　　屋主委託房仲賣房，仲介公司一定會製作類似房屋履歷的「不動產說明書」，亦作「產權調查報告書」（簡稱產調），依照《不動產經紀業管理條例》規定：房仲帶看時，需攜帶產調向交易之相對人說明。

　　因此建議房仲，帶客戶看房時，最好隨身帶著產調，結束後的當下，請客戶在上面簽名；或另行製作「帶看記錄本」也行；意即，要能證明確實曾經帶看過這組客戶並讓屋主知道。

　　實務上，很多房仲都認為，看房又不見得會買，所以在帶看時，縱使有攜帶產調，卻往往沒有請客戶簽名，最後演變成「公說公有理，婆說婆有理」的窘境。

　　提醒房仲同業，預防勝於治療，往後每一次帶看，務必請「看屋民眾」（不單只有買家）在「帶看記錄本」上簽名，如此便能產生嚇阻作用，也替自己累積據理力爭的本錢。

　　最後一提的是，案例❶中房仲覺得買家出價太低，懶得回報，建議至少還是得用電話、簡訊或 Line 等通訊軟體回報屋主，若屋主從頭到尾都不知道買家曾經出過價，房仲極有可能陷入刑事風險，被買家向地檢署提告，依「背信罪」起訴哦！

菜鳥房仲必學訣竅

錙銖必較的客戶 不要也罷

買賣雙方私下成交，最常發生在屋主自住的物件，尤其是委託房仲賣房，同時又自行刊登廣告的自售屋主。所以，如果為了增加進案量，硬要簽委託約，之後被這種客戶跳線，請平常心看待，當練經驗，因為自售的屋主，本來就不想付仲介費。

曾經是菜鳥的我，也遇過這種事，通常我會「算了」，因為，與其耗費心力、陷入低潮，不如向前看，繼續努力下一個案子。試著藉由忙碌來忘掉痛苦，並告訴自己：為了省下服務費這種小利，而甘願賠掉人品與信用的客戶，不要也罷！

買賣雙方你情我願
可免除法律責任？

許多屋主賣房，為了避掉日後的麻煩，會要求買賣契約書上面註明「不負瑕疵擔保責任」等文字，並要求買家簽名，希望日後屋況發生問題時能免責，而「現況交屋」也是房仲常遇到的糾紛之一；然而，這樣做賣家真的可以完全免責嗎？

案例❶ 便宜賣給你 有事別找我

某賣家的房子屋齡已經快50年了，賣家很誠實地告知房

仲，請房仲帶看時轉告買家，房子除了屋齡老舊也曾經漏水，雖然過去數度修復過，但沒多久可能又會漏水。

於是賣方決定，依據實價登錄，房屋開價比行情減少200萬元作為交換條件，希望在買賣契約裡註明：爾後房子若發生任何問題，尤其是漏水，不再負擔「瑕疵擔保責任」。

案例❷ 低價賠售 凡事別多問

新北市新莊頭前重劃區某個屋齡10年的物件，屋主從預售購買至今完全沒居住過，室內僅附建商交屋時給的簡配屋況，而當年的持有成本，根據實價登錄揭露為3,100萬元。

之後，屋主同意用3,000萬元賣掉，也就是賠售100萬元，附帶條件是：由於房子從交屋至今10年來從未使用過，且處於斷水、斷電的情況，所以不曉得屋況是否有瑕疵，售屋時要以「現況交屋」。遇到這種狀況，該怎麼處理呢？

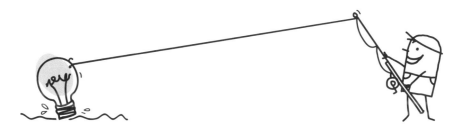

 法律教室

買家放棄權利 仍有法律問題

最高法院在 1996 年、2001 年陸續有些判決可參考，判決內容顯示：即使賣方在合約跟買家約定「現況交屋」，不代表買家放棄法律賦予他的「瑕疵擔保請求權」。

換句話說，賣方要便宜賣，跟賣家應負的責任，是兩碼子事情，便宜賣房，不等於不用負責任。所以，即使買方簽了名、雙方同意「現況交屋」，仍不表示賣方日後都不用負責。因此，賣方如果希望萬無一失，就必須再加註「買方願意放棄」瑕疵請求的權利。而買家願意接受，通常是因為價格夠具吸引力。

另外根據《民法》第 356 條的「通常程序」、「從速檢查」等字樣解釋，目測賞屋、看似沒問題，例如：帶顆乒乓球或彈珠測試屋內是否有傾斜？或全部的水龍頭統統打開看是否通暢、水壓是否足夠，不須靠專業器材、不用請專家來鑿洞檢查等肉眼可以輕易判斷的瑕疵，買家若同意購買，則必須接受現況；至於看不出來的瑕疵，諸如海砂、輻射以及暫時看不出來的漏水，賣家仍須負擔瑕疵擔保責任。

所以要記得，買賣契約書上，除了賣方要「排（免）除」瑕疵擔保的責任，買方也要「放棄」買賣標的物的瑕疵擔保責任請求權才行。

不過，《民法》366 條有個特別條款，白話文解釋是如果屋主「明知道」房子有某個瑕疵卻「沒有告知」買家，即使約定上

述條款（賣方不負責、買方放棄權利），也是無效的。所以還得加上「誠實告知」才行，也就是說，買家只能針對「知道的範圍」放棄瑕疵擔保的請求權。

　　結論就是：在賣方完整且誠實告知的前提下，賣方排（免）除瑕疵擔保的責任，買方放棄瑕疵擔保責任的請求權，這 3 個條件同時滿足時，才能幾近萬無一失。

《民法》條文

第 356 條

① 買受人應按物之性質，依通常程序從速檢查其所受領之物。如發見有應由出賣人負擔保責任之瑕疵時，應即通知出賣人。

② 買受人怠於為前項之通知者，除依通常之檢查不能發見之瑕疵外，視為承認其所受領之物。

③ 不能即知之瑕疵，至日後發見者，應即通知出賣人，怠於為通知者，視為承認其所受領之物。

第 366 條

　　以特約免除或限制出賣人關於權利或物之瑕疵擔保義務者，如出賣人故意不告知其瑕疵，其特約為無效。

3

房東、租客過招
學會自保訣竅

租屋糾紛何其多,
不過新聞報導多數出現的是「惡房東」事件,
殊不知,其實惡房客的比例才高!
掌握幾個租屋要點及法律知識,
不幸遇到惡房客、惡房東,
不僅可以自保,也能將損失降至最低。

租店面沒確認
建物「法定用途」
白忙一場

在租屋市場上的住宅類不動產，比較不用擔心會有建物違規使用的問題，畢竟，以台北市的商業區而言，除了大直以外，其他區域大多都可以住商混合使用，而且，這跟買賣比較有關係。

但如果是租賃商用類型的不動產，就要注意了！相中目標先別急著預約看屋，最好事先把功課做足，確定「建物的法定用途」與「實際使用或營業項目」是否相符之後，再賞屋，以免瞎忙。

不能殺價 還得另付回饋金

2022年2月13日，接到朋友的來訊，內容提到他朋友原本經營一家婚紗店，因租約即將到期且無法續約，只能尋覓新店面，無意間，看中了台北市內湖區的某一間店面，於是與接案房仲連繫，但是在溝通過程中，覺得對方態度差，問我是否能夠協助？

由於我當時人正在旅遊，我請他先確認，該店面是一般約還是專任約？

友人 「幾個網站刊登的招租資訊，都是同一位房仲，應該是專任。」

我 「如果覺得價格太硬，其實可以拉長斡旋時間。畢竟，疫情影響下，照理說租客比較大，可以讓仲介覺得你『不急著租，也同時在找別間店面』，看仲介態度是否會軟化？」

友人 「我朋友其實有點急，因為原地點只經營到5月，新店面還要花時間裝潢，只能被牽著走……」

我 「那可能是仲介知道你朋友急著租，所以才不打算幫忙殺價。」

友人 「一開始，房仲叫我朋友開價，我朋友開完價後，房仲卻說，房東要原價出租。」

2022年2月23日，朋友再度傳來訊息。

友人 「上次跟你說內湖的店面，我朋友後來沒有殺價，因為急著租店面的關係，決定直接承租，房仲先讓我朋友簽意向書，後來又說，若一定要租，需要付回饋金300萬元。」

我 「租房子不是就付押金加租金嗎？我還是第一次聽到要付回饋金這種事，這個回饋金到底是什麼意思？用途為何？」

友人 「我猜，應該就是房東不想租給我朋友，所以才會故意刁難，但經營婚紗店應該不算嫌惡設施吧？又不是小吃餐飲業。」

我 「通常，一毛都不給殺價，應該是房東不想租給對方，所以才會給軟釘子碰；婚紗店雖然不算嫌惡設施，但

　　對整棟大樓而言未必加分，又或是擔心付租能力不穩定，比較想租給連鎖品牌。」

友人 「可是不都會簽長約，例如5年？」

我 「簽5年，不等於一定會租滿5年，萬一生意不好，付不起房租，還是有可能租1年就倒。但我覺得，可以問清楚回饋金到底是什麼意思，我做房仲超過10年，第一次聽說。」

　　後來得知，原來那塊內湖金店面的土地使用分區是「工業區」，與「婚紗業」不符，所以須繳納回饋金，才能申請變更，只是……這位房仲，你一開始怎麼不早說？

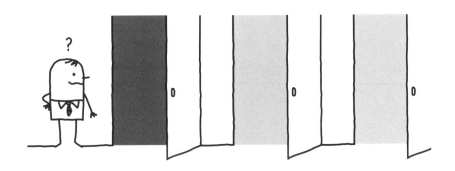

◇ 房東、租客，避免紛爭守則！

承租店面 先思考 3 件事

這位房東，你是不是這樣想的？房客不是連鎖品牌，進駐對整棟大樓加分不大，而業種又是婚紗店，考量單身、不婚的趨勢下，擔心房客的付租能力恐有問題，所以才以不二價為由謝絕出租呢？若是如此，那麼我建議可以婉轉地明說。

例如：「正在跟別組租客洽談，近期可能會簽約，請你先去看別間，之後若有消息再跟你說。」這樣的回覆，是不是比堅持原價出租的說法緩和，且能讓租客轉念去尋找下一間。

至於租客，我有 3 個建議：

① 有錢不怕租不到，受疫情衝擊下，店面是受害最慘的不動產類型，放眼台北市，西門町、東區、士林夜市、饒河夜市……這些過去人潮洶湧的商圈，在當時仍有許多閒置求租的黃金店面，只要保持耐心，絕對有機會找到適合又不貴的店面！

② 你原本承租的店面，租約於 5 月到期，加上新店面裝潢也需要時間……這些動機不需要讓房東知道，若是透露給房仲，也要交代千萬別透露給房東；不然，底牌盡現，如何壓低租金？話說回來，你也該試著跟原房東商議延租幾個月，待找到新店面為止，哪怕要漲租，至少替自己爭取到緩衝時間。

③ 除了地點、坪數、價格之外，**要先請房仲協助確認，什麼業種（營業項目）承租才符合法規？**別等雙方準備簽約、甚至承租後，才發現於法不合或被鄰居檢舉，不僅浪費時間，還有解約金要處理。這類糾紛餐飲業很常發生，不可不慎！

菜鳥房仲必學訣竅

做好三重確認 降低糾紛機率

① 作為一名專業的房仲：什麼業種可以承租哪些店面，在一開始，就該做好完整的調查；至少，也得把「土地使用分區」及「建物謄本或使用執照」上所標示的「該層法定用途」明白揭示於廣告文案中。

② 作為一名謹慎的房仲：在談承租條件時，應該去電市政府相關單位，了解租客所經營的項目是否符合法規，進行二度確認；之後，也務必請租客「自行去電」1999 市民熱線，轉建管處或都發局作完第三重確認，再簽約。這樣一來，房仲才能自保，也可以將糾紛降至最低。

③ 作為一名服務好的房仲：如果你發現，房東根本就不想出租給對方，應該早一點、婉轉地說明白；如果你發現，原來是地目的問題無法出租給對方，更該在一開始就主動告知。否則，繞了一大圈，最終還是回到原點，只會讓客戶覺得，你既不專業、做事兩光，立場偏袒房東又態度傲慢。

以這次案例中的房仲來說，站在優質服務的理念，可謂完全不及格，像這種同業，一旦脫離了大品牌加持，少了底薪保障，只能單靠個人品牌吸客時，我保證，不出半年，必陣亡。

遇到統包型房仲
讓你人在國外也放心

雖說我深耕大直區域,但在大直擁有不動產的屋主們,可未必就剛好住在大直,有時甚至在國外。這類客戶,有一部分寧可讓房子空著養蚊子,也不願意出租,以省掉不必要的麻煩;也有的希望能出租,想想覺得,有人幫忙照顧房子還可收租金也不賴。

問題是,遠水救不了近火,假設家電壞掉了?或是房客拖欠房租搞失蹤,還是合約到期要退租,偏偏剛好又遇上疫情的影響,實在無法飛回台灣親自處理時,該怎麼辦呢?

案例❶ 交給房仲安排 凡事幫你搞定

　　我認識一名在大直街擁有房產、人卻住在新竹的包租公，有一次，他那間無電梯老舊公寓的隔間雅套房公共區域需要打掃，便請我介紹清潔人員。當我引薦雙方聯繫後，彼此透過line溝通，將清潔的程度、項目、範圍、時數與價錢都確認好了之後，便擇日上工。

　　跟我長期配合的清潔人員，早已與我培養出默契。以這次的案例來說：完全不用我提醒，清潔人員就會將打掃的過程及完成後的屋況，主動拍照並傳給房東看，這樣的清潔「專業」與貼心回報的「服務」，讓房東豎起大拇指！

❖ 房東、租客，避免紛爭守則！

遠親不如近鄰 和房仲維持好關係

記得，千萬別等到房子要出租時才想到仲介，尤其當你有打掃、油漆、水電修繕、電器保養、家具訂製、搬家、複製鎖匙或開鎖……關於不動產周邊產業的需求時，而你剛好沒有熟識的廠商，既不信任網路的業配文，也擔心親友介紹的萬一不滿意，還不好意思抱怨。

這時建議你，可以透過住家附近有口碑的房仲，為你引薦廠商。這麼做，未必便宜，但廠商通常會因為多了「介紹人是房仲」這一層關係，服務會更用心。因此，現在我也更放心地將清潔人員介紹給大家了！

雙北市有打掃需求的人，可以到我的臉書私訊我。先說好，報我名字沒有優惠（我也不收回扣），但絕對有品質保證！

案例❷ 熱水器壞掉 董事長幫你處理

某間在中正區、無管理員的老舊公寓，房東曾專任委託我招租，後來也順利被我租掉，期間，房客付租穩定，一切順利，直到某天，房客反映，熱水會忽冷忽熱，又從熱水器的製造日期得知已經使用超過5年以上，應該是故障了，於是我建

議房東，直接換一台新的，免得今天維修A零件，明天又要更換B零件。房東聽完建議後表示認同，也基於安全考量，爽快地答應。

第二天，我將五聯熱水器的董事長拉進了line群組，他同時也是我大直的老客戶，由董事長本人，在房客與他的員工之間，親力親為地居間溝通、敲定進場安裝的時間。值得一提的是，在討論的過程中，熱水器董事長曾問：「家裡有裝加壓馬達嗎？」

群組裡的房東、房客、我，皆無法百分之百確定，有人說好像有，有人說應該沒有，於是，我趕緊詢問長期合作、也曾在這間房子裡處理過水電修繕與壁癌修復的許師傅，許師傅立秒回答：「有，有裝」。我將這個訊息截圖，傳至群組裡，房東當下回：「謝謝泰源，好厲害！」

第三天，熱水器董事長派員工到府安裝完畢，由房客測試出水是否正常，接著，人在國外的房東透過網銀匯款，一切圓滿順利。

之後經過5天的試用後，房客表示使用正常，於是，熱水器董事長說：「大家好，如果使用上沒問題，我就先離開群組了，記得四季溫度不同，還是要適度調整溫度哦。」

⬦ 房東、租客，避免紛爭守則！

包租代管 付錢省麻煩

如果你跟房東一樣人在國外，又希望台灣的資產可以活化，那麼你有 2 個選擇：

① 委託代管業者，當個懶房東，一切免操煩；只是，每個月要支付月租金的 10% 作為代管費。

② 找一位可信任、主打個人品牌、google 得到人、出事情跑不掉的房仲，並專任委託招租，不過，雖然不用支付代管費，但續約時，仍須支付另立新約或重新招租的仲介費。例如我，就是個不錯的選擇。（哈哈哈）

另外提醒房客的是，在一個使用 Line 如此方便的年代，若發生家電故障，請一定要即時向房東反映，並且拍照加錄影佐證，再請房仲協助找師傅修繕。千萬不要在「沒事先告知房東」的前提下，自行找廠商維修，先斬後奏，不僅會降低房東對你的信任，萬一修不好或費用爆貴，恐衍生更多的糾紛！

而透過房仲找維修廠商的好處是，讓房仲成為你的「類見證人」；換句話說，當房客與房仲及房仲找來的維修員，三方都聯合起來表示，修繕費應該由房東支付時，房東還能說什麼呢？

菜鳥房仲必學訣竅

別近視短利 舉手之勞好處多

關於案例❶，記得，客戶的房子平時若有需要打掃、修繕等「間接需求」時，你都該藉機盡量協助引薦優良廠商；如此一來，當哪天客戶有買賣或租賃的「直接需求」時，更容易在第一時間想到要找你服務。

而這些師傅、清潔人員，都是提高你服務口碑的合作夥伴，所以，請不要用「抽取回扣」的短視近利思維，來賺取蠅頭小利；反而要用長遠的心態，請這些協力廠商，將要給房仲的介紹費，直接回饋給客戶，這樣你的客戶便能享受到高 CP 值的服務體驗，也同時對「房仲（你）的推薦」產生了信任感。

至於案例❷，如果一開始你接的租案是一般約，建議趁機與房東及房客成立 Line 群組。這麼做的好處是，讓房東與房客覺得承租期間，你一直都在，縱使天下太平，你，一直都在。

時間久了，房東與房客在無形中會更加依賴你，日後租約即將到期、退租前，你也能比其他同業還早得知，而之前庫存的照片與資料仍在，便能超前部署、廣告招租，說不定交屋後，房東從此就專任委託給你了！

另外，租約期間若房客反映家電需要維修、保養或更換，你也該藉機一邊協助客戶，一邊找尋可靠的維修廠商；這些師傅們合作久了，會因為是「你的客戶」的關係，價錢不敢亂算、服務更謹慎，遇到旺季時，還會為你「插單」優先處理！

房仲服務費
提前退租可以還嗎？

不曉得你是否曾想過這個問題，或是曾遭遇過，續約時被房仲索討服務費。究竟，房東與房客續約，該不該付仲介費呢？

另外，如果房仲招租掉某間房子，租賃期間尚未屆滿，房東或房客其中一方，不論是想收回房屋或退租，可要求房仲「等比例退還」簽約當時支付的仲介服務費嗎？又如果你是房東，房客將交屋日定在合約到期後的隔一天才退租，你認為該加收租金嗎？

案例❶ 續約不付費 兩樣情

最近一連2件過去被我成交的租案，都面臨合約到期需要續租的情況。其中一位房東不想付仲介費，跟房客講好私下續約即可；另一位房東則是自己跟房客續約之後，除了告知我，還主動匯服務費給我。

我的想法是這樣的，沒付，是本分；願意付，是情分。就這麼簡單！

從法理上來看，續約，就是「重新、另立新約」的意思，而且「續約的條件」也時有調整，加上房客「當初」是透過房仲介紹的，因此，續約時房東應該照給服務費；這就跟手機門號續約一樣，協助你辦理續約的電信服務員，公司還是會把你續約所產生的利潤，提撥部分獎金給服務你的業務員，道理是互通的。

但實務上呢？如果你是房客，由於是付錢、經濟較弱勢的一方，所以，續約不想付仲介費，我想，房仲應該也不太好意思開口要；但若你是房東，由於是收錢的一方，續約該不該付仲介費？

💎 房東、租客，避免紛爭守則！

略施小惠 房仲死心塌地為你賣命

續約時房東該不該付仲介費？我的想法是，看情況。

情況①：承租期間，房仲都沒關心、沒服務，續約時，突然討要服務費，這時，我也覺得不用給，因為換作我是房東，也不爽給。

情況②：租約期間，如果房仲免費做了代管業者的工作，持續替雙方提供家電折舊修繕與保養的服務，除非你房貸壓力大或手頭緊，不然，由衷建議你，其實多數房仲的經濟壓力很大，付個意思意思，總可以吧？

而且，續約主動給服務費，略施小惠，不僅凸顯你的大器，對房仲而言，跟首次簽約時給服務費相較，這份感動強烈許多，這會讓房仲日後更願意替你賣命喔！

案例❷ 租約到期交屋 堅持住好住滿！

我曾幫一名「賣」家招「租」過房子，是的，屋主想賣，但當時房市景氣低迷，可又不願意賠售，於是經我建議，決定找一名願意配合房仲帶看的租客，如此一來，銷售期間，屋主仍可持續有租金收益，減輕房貸壓力。後來，的確順利被我租掉，雙方簽訂一年一約，並同意：每月帶看額度最高不得超過2次。

在累計6次帶看、租期尚餘9個月，也就是歷經了3個月之後，租客因工作繁忙，又不放心交付鑰匙給我，覺得配合房仲帶看房很麻煩，於是想提前退租。租客表示：我當初給你的半個月仲介費，也請一併退還給我，不然至少退還十二分之九的服務費。我聽了覺得傻眼，當然沒答應，但協助他向房東溝通，將每月2次帶看改為1次，於是，房客也就繼續住下去了。

到了租約期滿前夕，我居間溝通交屋日，雙方約定好，在合約到期日也就是11月30日晚上8點整交屋，沒想到，當天傍晚5點，也就是交屋前3個小時，租客才來電表示，行李搬不完、屋況也尚未清潔完畢，請求改至隔天12月1日再交屋。

由於房客太晚講，導致房東的行程被打亂而不爽，便請我轉達：「晚1天可以，但要加收1日租金。」這句話，惹怒了房客。他來電一邊大聲開罵、一邊嗆著：「我付租金到11月30日，我就是可以使用到30日晚上11點59分59秒，那我隔天12月1日再交屋，這到底有什麼不對？不然你約房東今天午夜12點過來交屋啊！」

聽完租客的抱怨後，我只好再替租客跟房東求情，別加收1日租金，這才順利交屋。

房東、租客，避免紛爭守則！

互相退一步 順利交屋最重要

正常的交屋情況是，若非提前 2 ～ 3 天退租，最晚也會約定於合約到期日當天交屋。只是情理上，房客確實會因為收拾家當或整理屋況，偶爾錯估時間的掌控，有時也會因搬家公司人力調度問題導致延誤交屋，因此，基於「好聚好散」原則，多半建議房東，別計較那 1、2 天的租金了。內文案例，主因是房客在原本約定好的時間前 3 個小時才臨時通知得延後交屋，導致房東感受上不舒服，才會提出多收 1 日租金的要求。

所以，如果你不是斤斤計較的房客，請提醒自己，最晚交屋日就是合約到期日的當天；如果你不是摳門的房東，只要房客非惡意拖延，那就以「避免屋況遭到破壞」與「順利交屋」作為首要考量，吃虧就是占便宜，真的沒有關係。

菜鳥房仲必學訣竅

長期服務房東 獲得第一手賣屋資訊

在首次招租時，通常我會告知（建立）客戶續約應該要支付服務費的觀念，然後呢？然後就不再提醒了，待續約時間到，讓客戶自己決定想不想給，一切隨緣。

將心比心，有些客戶認為，「仲介」的功能是「源頭、初始的介紹」，而「續約」自當不屬於「媒合」，也就跟房仲無關，為何要付服務費？所以，我想與同業分享的是，你該思考2點：

① 房客退租後，房子重新招租時，你希不希望房東繼續委託你處理？

② 租案只是生活費的補貼，賺大錢仍該以售案為主，所以「透過租案來經營屋主」才是重點，何必為了小錢惹房東不開心？

「長期服務」房東的好處很多，除了租案的服務費不無小補，當某天屋主想賣房時，通常你也會是最早簽到委託，甚至可以提早進行銷售的房仲。尤其遇到「收租期間突然想賣房」更好！因為，承租的房客會變成你向屋主「綁專任約」的大好機會，你可以拜託房客跟房東說：「我只信任，當初介紹我租屋的仲介帶看，其他房仲，恕無法配合。」

這也是為什麼，當我成交租案、收了仲介費之後，不再收取每月租金百分之十的「代管費」，且仍持續、免費地為雙方服務的原因。唯有讓客戶覺得仲介費付得夠超值，你才有機會遇到心甘情願、主動給「續約服務費」的佛心房東。

 法律教室

依比例退還服務費 不在法律規範中

關於案例❷，可以從法律層面幾個角度來探討：

① 租賃契約一旦成立，任一方若不能履約，不論想終止或解除
契約，首先要看可歸責於誰？以案例❷來看跟房仲無關，明
顯是房客不履約所致，因此要求退還全額或等比例服務費，
認無理由。

② 法律只規定服務費支付的時間點，例如成交後、屋況點交後
或租約期滿時；至於要求返還或按照比例退服務費，這部分
法律沒規定，以協商為主、事先書面載明為慎。

③ 交屋日若為合約到期日的隔天，是否加收 1 日租金？小有爭
議。舉例來說，銀行扣款日定為每月 5 日，站在銀行立場，
4 日跨 5 日的午夜 12 點 1 分扣款就屬合理，但民眾一般認為
5 號當天下午 3 點 30 分扣款較合理；然根據契約精神，租約
到期日為 11 月 30 日，若約定 12 月 1 日交屋，就該補足 1
日租金。

　　若從更嚴苛的角度來說，由於租金是以「月」為單位計算，
縱然房屋僅多使用 1 天而已，房租仍以「1 個月」來收取也是
於法有據。然而，在內政部《住宅租賃契約書範本》裡沒有明
確規定，因此，若事先白紙黑字有寫，最好；若無，則建議按
照約定俗成，保留緩衝空間。

押金扣完仍有欠款
房東要提高警覺

直以來，我遇到的交屋情況，都是押金還有剩，所以租
客比較怕房東巧立名目亂扣款或不退還；然而，若是押
金已經扣無可扣，且仍有欠款時，房東該怎麼辦？

尚有欠款 房客失聯、訊息已讀不回

2021年8月1日，我租掉了某間房子，時隔4個月的11月25
日，房客傳訊：「因為家中有事故的關係，12月沒辦法繼續承租

下去了，真的非常抱歉，事發相當臨時，需要返家照顧長輩。」

我回：「由於租期未滿，按照租約，違約金會把押金都扣完喔。」於此同時，我傳訊給房東，房東也隨即回覆：「照合約走。」房客表示知道與接受，並約定好交屋時間。

11月29日交屋時，屋況維持算良好，比較吸睛的是，原來的中古電視機換成了一台又大又新的電視。房客瀟灑地說：「剛買的，想說直接留在這裡，就不帶走了。」

後來，房客陪同我去拍了水表、電表、瓦斯表，我告知，明日跑完結清後，再向他請款。房客表示沒問題，離去時，還開了一台BMW轎車，看似富二代。我心想：不過20幾歲就這麼闊，難怪押金被扣光都不吭一聲，也好，這樣幫他代繳水、電、瓦斯費，我也比較放心。

沒想到11月30日結清時發現，房客連上一期的帳單都沒繳，而且金額有點多，共6,967元。我把帳單傳Line給房客，請他匯款，但他沒有已讀。接著12月1日、12月2日，我連續傳訊息，line依舊沒已讀，而且也不接電話。於是，我打去房客簽約時提供的公司名片找人，公司窗口表示：「他大概2個月前就離職了。」

12月3日，我又傳了一次訊息：您好，我已經幫您代繳清

水、電、瓦斯費了，拜託您，匯款給我，我們仲介賺錢很辛苦，請您可憐我吧！感謝（持續哀兵策略，沒辦法，欠錢的總是比較大）。

結果，還是沒有已讀，打手機號碼過去，竟然關機了！還好，房客的媽媽用google的方式就能找到，我打給房客媽媽，房客媽媽幫忙聯繫之後，房客才終於已讀並回覆：你好，明白了，請你不要打去我沒有提供資料的地方找人（明明google就能找得到）！

房客接著傳訊表示：剛打第2劑疫苗，人不適在休息中，因此沒有看訊息，抱歉，稍晚轉帳。

眼見不為憑 別從外表下判斷

12月4日，我再度傳訊：您好，不曉得您疫苗的副作用退散了嗎？若還沒，我為您送1包滴雞精過去好嗎？能給的不多，至少是我的心意，祝福您早日康復喔！

還是沒已讀，心情小受影響，苦惱著該怎麼討錢？爬山中的我，突然升起了慈悲心，試著同理，想著如果我是租客，感

受是什麼：我買了1台高級電視機，用沒多久，就送給房東，承租沒多久，隨即失去工作，沒了收入，提前退租導致押金還被扣光不說，還要另付積欠2期、將近7,000元的水、電、瓦斯費，種種打擊，心裡自然不好受。

於是我決定找個適當的時機，讓房東知道這件事。12月5日，我傳訊：早安，請問您身體好多了嗎？您是否還記得，當初，是我主動幫您跟房東多殺1,000元租金，減輕您的負擔。希望您能念及舊情，畢竟，水、電、瓦斯費是我代繳，不是房東，再麻煩您抽空轉帳給我，拜託您了，萬分感謝。

房客才終於已讀回我：週一轉給您。接著，我把過去的對話紀錄轉傳給房東看，房東讀完秒回：請轉告對方，他也是不得已才退租，所以水、電、瓦斯費我來付，請他休息。房東果然是大好人，且有足夠的社會歷練啊！

我將房東的訊息傳給了房客，房客秒回：謝謝。沒多久，房東轉了錢給我，還說：你學到一次經驗，外表不一定是真的，眼見不為憑，口袋真正深的人，都很低調。

◇ 房東、租客，避免紛爭守則！

即使是善意 更換家具先告知房東

房客在不到 1 週的時間內告知要退租，其實很容易造成房東的困擾，一般來說，無論是房東要收回房子或是房客要退租，須提前至少 1 個月通知對方。

此外，出租時，原本有附電視機，退租時，電視機當然也必須在，案例中房客在沒有告知房東的前提下，擅自作主換了電視機，縱然比較大台、比較新，還是容易引起糾紛，萬一舊電視對房東而言有特別的情感意義，怎麼辦？所以，**在外租屋，如果想把房東提供的家電給換掉，記得一定要事先告知，並經房東同意後才可以！**

以這次案例來說，我最後差一點得自行吸收代墊結清的費用；提醒自己，下次再遇到類似情況，應該要求房客現場預留現金，或者跑完結清之後再交屋。

再以我自己為例，我承租的房子電視機壞掉了，我先跟房東協商，我想買 1 萬元的電視機，房東願意負擔 8,000 元，多的 2,000 元就由我支付，退租時產權歸屬房東（都二手了，留給房東也無妨）。這樣做，不僅提升了我的居住品質，也減輕購買新機的負擔，皆大歡喜。

家電壞掉或漏水
到底誰該負責？

不曉得為什麼，台灣的租屋市場有為數不少的房東，似乎只想「實收」租金，既不想報稅，也不願意負擔屋況、家具、家電的保養費用，以及維修、更換的責任，明明是消耗品，有的房東硬要房客共同負擔，甚至栽贓是房客使用不當造成損壞。

如果你不幸遇到這樣的房東，建議你，除了據理力爭，讓房東知道你不是傻瓜之外，合約到期後就別續約了，在空屋率越來越高的趨勢下，租金不屑給他賺！

案例 ❶ 房客付一半 搬家你帶走

　　某夜，一名房東連打了3通電話給我。

　　第一通：「我的房客跟我說，洗衣機壞掉了，請我換一台給他，我可不可以換二手的？」

　　第二通：「我發現買二手洗衣機比較麻煩，改買新的好了，只是，萬一他不滿意我換給他的，比如說，希望我換一台有烘衣功能的，怎麼辦？」

　　第三通：「我可不可以叫房客出一半的費用，退租後，產權歸他，房客可以把洗衣機搬走。因為房客住下一間房子，也有可能需要洗衣機吧！」

房東、租客，避免紛爭守則！

提出補助方案 可幫家電「升級」

我給第一通電話的回答：可以，本來就沒規定給房客的家電要新的，只要是同等級且體積、容量別差太多，能使用就好。

第二通電話的回答是：如果壞掉的那台本來就沒有烘衣功能，你可以不必理會房客的請求。另外你可以提出「補助上限」的方案，比如說，最多願意負擔1萬元，讓房客自己去買他想要的洗衣機。假設房客想買的洗衣機價錢超過1萬元，金額超出的部分由房客負擔，退租時，洗衣機的產權歸房東所有。

最後給第三通電話的回答：欸，我第一次聽到這種做法，你可以提出來試看看啦！如果房客能接受，也沒什麼不可以。只是我猜想，你提出這個方案背後的原因，或許是退租後想賣房，屆時用不到洗衣機，因此才會想只負擔一半費用，讓產權歸房客所有，對嗎？事後證明，果然被我猜中，而且房子是被我賣掉的。

以上針對3通電話的回答，讀者們可以觸類旁通，不單單是洗衣機，冰箱或其他家電都適用。

案例❷ 看誰撐得久 受不了就付錢

2021年12月21日，我去大直街的摩斯漢堡拜訪客戶，發現地下室有嚴重的漏水和壁癌；無獨有偶，2022年2月14日，

我去二二八公園附近的摩斯漢堡拜訪客戶，同樣也在地下室發現有漏水、壁癌被擱置不處理的情況。

肉眼判斷，那漏水肯定有好一段時日了，通常這種情形，房客應該早有向房東反映，雖然不曉得是什麼原因遲遲不修繕，但根據我的經驗來判斷，房東與房客兩邊應該是各有盤算。

房東，你是不是只想收租金，反正，只要漏到用餐民眾受不了，跑去客訴，摩斯漢堡自然會被逼得自費處理；當然，要處理也行，我（房東）就威脅續約時漲租金，反正店面的地點很好，摩斯漢堡不租，自然有別人搶著要。就算萬一房子真的怎麼樣了，還可以用「當初出租時沒事，怎麼突然就漏水了呢？一定是使用不當造成。」的理由向租客求償。

至於房客，你是不是覺得，誰說剛開始沒漏水，承租期間就不會漏？壁體內的水管，本來就會因地震、折舊產生裂縫而導致滲漏，況且抓漏本來就是房東的責任，房東不處理，就讓屋況一直爛下去，反正已經告知房東了，不處理是房東事。

何況，因為疫情影響到生意，我也未必想續租；加上現在到處是閒置的黃金店面在求租，不如藉機在附近找個屋況更好、租金更便宜的店面作為新據點。

⬥ 房東、租客，避免紛爭守則！

房客自行處理 可依法向房東求償

我想提醒房東，你的房子是 1 樓加地下室，已經省去了與鄰居溝通、要進入其他住戶專有範圍抓漏的大煩惱，照理說，應該很好解決，既然是地下室的天花板漏水，從自家 1 樓地板著手不就好了嗎？

溫馨提醒，房子是你的，不是房客的，你本來就應該比租客更加愛護自己的店面，萬一漏水面積擴大，高濕度與霉味恐怕對用餐民眾造成健康上的影響，壁體內長期積水，也可能導致建物結構有安全性疑慮。而且，摩斯漢堡畢竟是優質房客，跟 7-ELEVEN 一樣具有地標效應，倘若日後想賣屋，帶租約銷售更能提高買家的購置意願，但如果因此讓摩斯漢堡不想續租，下一組房客是自有品牌的非連鎖企業，付租能力未必穩定。

看完以上的分析，你是否同意，還是趕快把漏水處理好，以免得不償失？

最後補充，根據內政部版本的房屋租賃定型化契約，裡面條文清楚載明，大意是：房客承租期間有東西壞掉了，只要不是人為因素（過失或使用不當）造成的毀損，修繕與更換的責任都屬房東這一方；倘若房客通知後，**房東仍故意拖延一定時間不處理，房客可自行處理，並請房東償還費用，或從房租裡面扣除**。甚至，出租人於修繕期間，導致房屋的全部或一部分不能居住使用，承租人也可請求，扣除該期間等比例的租金。

缺乏信任感
不如就換下一位吧！

不論買賣房子或租賃，只要有房仲居間斡旋，就是三方互相傳遞訊息的一種模式；有時，房東不信任仲介，有時，房客不信任屋主，當然，不熟的客戶比較容易對房仲有所隱瞞，而常被糊弄的房仲也容易養成疑心病，慣性地將客戶說的話打折。

然而，成交一個案子，除了專業度與服務品質，信任也非常重要。總而言之，**無論是哪一方，想要，卻又顧慮再三，不如不要。**

案例❶ 你不信任她 她也不爽你

　　某天上午，一名租客與我約看房，客戶當下表示有意願承租，急於下定，還要我別再帶其他客戶看房，我心想這次應該很快就會成交。

　　下午，我回到公司，將租約內容草擬好之後，傳給租客看，客戶看完表示沒問題，接著說：「我很不喜歡常常搬家，我想一次簽2年約」。（當然好哇！這樣我還能跟房東索取1個月租金的房仲服務費！）

　　於是，我將租客的要求轉達給房東，沒想到卻被房東拒絕了，房東表示：「我跟租客不熟，萬一她不按時繳房租或是破壞房子，卻被綁2年約，那不是頭痛了？我能承諾的是，未來這一年她若能穩定付租，且彼此互動良好，我一定不調漲租金，

續租給她。」

租客得知房東的想法後，回訊：「我為什麼要破壞房子或不繳租金？」我趕緊打圓場：「房東不是針對『妳』，而是任何一位租客，他都是堅持一年一約」。

租客回覆：「我再考慮一下，謝謝。」然後，就沒然後了。

🤝 房東、租客，避免紛爭守則！

要求連帶保證人 降低出租風險

雖然說在租賃市場，遇到惡房客的機率確實高於惡房東，但也沒必要「一朝被蛇咬，十年怕草繩」。一般來說，有房貸壓力的房東，簽長期租約是比較好的選擇，不僅能避免閒置的招租期，還能省下出租給下一位租客所須支付的仲介服務費。

若擔心房客素質，只要簽約時要求附加連帶保證人、身分證正反面影本及工作名片，甚至要求租約做公證，基本上，風險已能降到最低；當然，如果是因為一年一約只須付「半個月租金」的服務費，而兩年一約則要支付「1 個月租金」的服務費，所以才不想簽 2 年約的話，可以明說，至於房仲是否接受，是另一回事，雙方講好，就好。

如果你是案例中的房客，只能說，我同理你的心情，換作是我，也不想把租金付給不信任我的房東。既然這樣，繼續找下一間吧！

案例❷ 堅持不降價 換房仲也租不出去

　　3月25日下午，一位老客戶的女性友人有房要出租，於是介紹給我認識，三方相約該物件樓下的咖啡廳，相談過程有點卡，女房東的談吐，透露著高高在上的姿態，礙於她是老客戶的朋友，我只好拿出高EQ面對。

　　過程中，女屋主強調房子屋況極好、地點很棒，想出租每月4萬元，但是當我上樓看完房子之後，心想：如果我是租客，3萬元含管理費，我都不太想租。

　　下樓後，我建議女房東採「一般約」形式，因為我沒把握，但她又堅持給我專任約。最終，委託合約還是簽了。傍晚，我傳訊說：資料仍在製作當中，廣告預計明天上架。

3月26日晚上7點

女房東　「請問案子上架了嗎？」

我　　　「抱歉，白天在錄影，等等進公司加班處理，上架時會再傳連結給您，謝謝。」

女房東　「你會不會都在忙別的事情，就沒什麼時間幫我找房
客。」談話間展露語氣帶刺的口吻。

我　「我昨天說了，今天會上架，今天還沒過喔。」晚上9點
多，我上架了所有的網路平台，並將廣告連結傳給女
房東。

03 月 28 日

女房東　「雖然我跟你簽3個月，但我是希望1個月內房子可以租
出去。」命令式的表達真讓人不舒服，講得好像我不
想快點租掉似的。

我　「現在網路發達，租客有需求自然會上網查，哪家仲介
招租結果都一樣。租不租得掉，要看租金價格以及市
場接受度。雖然我們簽3個月，但您隨時可以解除專任
約，我可以馬上把鑰匙放置大樓的信箱歸還。」

女房東　「你覺得租金多少合理？」

我　「32,500元含管理費是行情區間，建議廣告價開35,000
元，預留2,500元殺價空間，比較有詢問度。」

女房東「好，你去試試看吧！」

結果，一直到 4 月 2 日，一通來電預約看屋的電話都沒有，我想，與其被她一直催，不如先為自己鋪一條後路，因此傳訊建議對方，如果還是都沒有來電客，可以考慮把租金調降為33,800 元，但女房東表示不想再降價。

又過了幾天，女房東詢問是否有人看屋，我實話回答沒有，並再次詢問是否要調整價格。

女房東「這個價格（35,000元）是配合你才降價，你說比較有把握。」

我「但還是要看市場反應，後來發現點閱率低，有建議再調整為33,800元。」

女房東「跟你改一般約。」感覺得出來女房東相當不高興。

我「沒問題，我等等出門帶看，預計中午回公司，再把鑰匙放置您的信箱。」

隔了 1 個多月之後，我在租屋網站上發現她的房子仍然沒租

掉，不僅委託多家房仲幫忙，自己也刊登招租廣告，而且價格已

經降到 33,000 元。

◇ 房東、租客，避免紛爭守則！

委託房仲招租 別三心兩意

如果你是案例中的房東，容我提出 2 點說明：

① 「委託房仲」或「房東自己刊登」招租廣告這 2 種模式，建議您只能二選一，不能複選；將心比心，如果你是房仲，發現房東自己也上網招租，是否會擔心租客為了省服務費，直接與房東聯繫？既然如此，房仲又怎麼會積極推銷你的房子？

② 說要專任委託的是妳，說委託期 3 個月的也是妳，隔沒幾天改口說希望 1 個月內要租掉的還是妳，半個月後就解除委託的仍是妳；我想，妳這麼急，應該是有資金的壓力吧？既然如此，我建議，盡早用略低於行情的價格招租才是上策，除了比較快租掉，因為租金便宜，比較容易找到捨不得退租的穩定型長約租客。

菜鳥房仲必學訣竅

做出品牌 成為專任約房仲

以案例❶來說,最好的方式應該是,心態上把成交擺第二,誠實放第一,將房東的顧慮及租客的想法,坦承且委婉地傳達給彼方;前提必須是專任約,如此一來,縱然這次無緣,遲早還是會租掉。

但若是一般約,我們可能因為擔心錯失成交機會(萬一明天被同業租掉,對案子付出的成本都白費了),而選擇欺瞞的話術,引誘雙方碰面,當下喬到不歡而散;也可能硬是簽約了,卻埋下日後糾紛的隱憂。

說到底,正因為「獨家委託」夠無敵,才能讓我在從事房仲這條路上,越來越能以「盡人事,聽天命」這種返璞歸真的做法,持續向前走。所以,努力讓自己成為「專任約房仲」吧!

以案例❷來說,與陌生客戶初次見面時,如果當下就意識到對話頻率不對,為了日後平等互動,記得,堅持不卑不亢的態度就對了!懂得尊重你的客戶,才能聽得進專業建議。

在只簽專任委託的前提下,當覺察到屋主想租天價時,請不要接案,因為婉拒的行為本身就具有「議價」效果;換句話說,哪天當屋主回過頭來找你,就表示屋主已經認清,其他房仲只是為了騙委託才報高價,唯獨你最實在,最終才能獲得客戶信任,你也才不會像個「普通仲介」,總是胡亂接案,然後隨著時間滴答滴答過去還是租不掉,精神壓力越來越大。

與房東談條件
不要得寸進尺

多數租屋族最常犯2個錯誤，一是把最在意的點拖到最後才談，另一個是將房東的房子當備胎，到處比價。若犯了上述2種行為，最後結果往往是徒勞無功，還會被貼上「奧客」標籤，不智也不值。

案例❶ 換2台冷氣不夠 還想再加1

3月28日，某租客看見我刊登的房屋廣告，加了我的line並

預約看屋，問道：「請問你知道冷氣、冰箱還有洗衣機是什麼品牌嗎？」我答：「抱歉，不清楚。」

隔天租客看完房子後表明有興趣，除了告訴我，他不抽菸、沒有養寵物之外，還強調每隔2週就會請歐巴桑來打掃，非常愛乾淨，但由於屋況有些舊，例如壁紙泛黃、仿木質地板部分薄膜剝落，所以想另約時間，帶著懂裝修的朋友來複看。

4月2日，租客帶朋友來複看，討論入住後哪邊要自費微整修。此外，因為房屋配的是升降機械車位，租客怕他的車子不能或不好停，又因為遙控器不在我這，只好再另外約時間。2天後，房東親自來，教房客怎麼停車，隨後，相約1樓會客廳談細節，租客當面提出，主臥及次臥的2台冷氣更換成變頻機種的要求。

租客表示，之前租過一間房子，由於冷氣老舊，電費高達1萬多元，收到帳單時嚇一大跳。房東當下爽快答應，我感到非常驚訝，雖然主臥與次臥的冷氣使用超過10年，但都有定期保養，只能說，這真的是我遇過史上最佛心的房東！

當彼此條件都談得差不多了，房東先行離開，沒想到，事情又有了轉折……房客再次上樓複看房子，他發現客廳冷氣機

的製造日期是2016年，也就是機齡5年多，不是我當初說的2年多，於是要求主臥、次臥、客廳3台冷氣都要換，甚至還好意思開口：「最好是大金或日立的品牌」。

到了晚上，我仍不知道該怎麼婉轉跟房東說，只好硬著頭皮講，可想而知，房東的回答當然是「下一位」。

🤝 **房東、租客，避免紛爭守則！**

更換家電 以同等級商品為主

冷氣機的「製造日期」與「安裝日期」是兩碼子事，2016年製造的冷氣機，不等於是 2016 年安裝的；再來，重點並不是冷氣機已經使用幾年，而是冷氣機根本沒壞，房東本來就可以不理會你的要求，說得更直白一點，住是你在住，想換，請自己掏錢。

記得，在租金不變的前提下，**若要更換家電，也該換「同等級」商品；如果要求家電升級，定頻改變頻，卻不願意加價承租，**只好謝謝再聯絡。

案例❷ 先爭取條件 再考慮要不要租

某位認識的朋友要租房，剛好看上了我接進來的某物件，1

月19日，帶看完後對話如下。

租客
朋友 「如果起租日訂在下週可以嗎？因為快要過年了，假比
較少，下週才有時間打掃跟搬家。」（看來是有意願
承租）

我 「麻煩幫我確認一下內容是否正確？」與租客朋友確認
了承租條件。

租客
朋友 「沒錯、沒錯。」（所以就是要租了，對吧？）

　　經過與房東溝通後，我回覆朋友，房東答應開出的條件，
並想和她確認簽約時間。

租客
朋友 「我稍晚跟您確認，謝謝。」然而她的稍晚，不是幾個
小時，而是隔天，這時，我已經嗅到悔租的味道了。

1月21日

我 「如果不租了，麻煩通知一聲，房東在等我通知。」我
傳訊息給租客朋友。

租客
朋友

「好的沒問題，我今天一定會跟泰源哥確定，不好意思麻煩您。」

我

「您所謂的確定，指的是確定簽約時間，還是確定要不要租？」

租客
朋友

「今天會一併確認，感謝哥。」

看到訊息內容，我心中升起了無名火，立即回報情況給房東，並經房東同意後傳了訊息給租客朋友：「不好意思，剛才屋主來電，他家人要來台北暫住幾個月，所以無法出租了，請您趕緊找別間喔！」這種說法是給租客朋友台階下，留一線人情。

🤝 房東、租客，避免紛爭守則！

有承租意願 再細談條件

我想對案例❷的租客朋友說，我知道也理解，妳想將所有列入考慮的房子，都爭取到最好的承租條件，再決定到底要租哪一間。

可是妳知道嗎，這樣做不僅造成房仲的困擾，也會讓房東覺得妳在「裝肖維」；不然，至少也該在提出條件時坦白告知：「就算房東同意了，我也不能百分百確定要租。」這樣，如果還有房東或房仲願意理妳，彼此也就沒事後話了。

 菜鳥房仲必學訣竅

即使是朋友 也要照規矩來

說到案例❶，首先我想謝謝老天爺讓我遇到這麼好的房東，明明家電沒壞，竟然會答應「換掉 2 台冷氣機」的條件，可惜最後租客提出「3 台全換」的要求才意外破局。

我也由衷感謝租客，因為這是我從業 10 多年來第一次，被還沒看房的租客問得這麼仔細，包括家電品牌、冷氣機是不是變頻機種？顯然，現代租屋族已經進化到不只是看屋況與格局而已，連使用者付費的開銷，尤其是電費，也都比以前更在意了。為了不被客戶問倒，此後製作招租資料時，提醒自己，一併詳實記載家電品牌、型號與尺寸，以提升服務的細膩度。

至於案例❷，只能怪自己仗著與租客是朋友關係，才不小心鬆懈，少做一項我一定會做的程序，就是當租客提出條件後、我向房東溝通前，會跟租客講清楚：「如果房東同意了，確定會租嗎？我幫你向房東爭取條件成功，結果你還要猶豫，會讓我很難交代。所以，請你想清楚再跟我說。」

言而總之，就算是原本就認識的朋友，仍得照規矩來，以免被耍做白工，還要被房東洗臉。

合租整層住家
想提前退租怎麼辦？

若你是獨自租屋，想提前解約，大不了依約賠償違約金，
沒那麼複雜；但如果你是和友人一起承租整層住家，你
想提前退租，好友卻不想退，怎麼辦？尤其，你又是因為「非
自願因素」退租，被扣違約金實在不甘心，又該如何處理？

噪音、油煙味 住到快生病

　　一名租客跟我約看某間雅房時，同時向我請教租屋問題。

租客 「我目前承租的房子,還在跟房東與室友溝通怎麼退租,你能給我建議嗎?」

我 「合約到期了嗎?」

租客 「我是學生,租屋預算有限,當初為了希望享有客廳、餐廳、陽台等空間,和朋友合租一間2房2廳的整層住家,所以我們簽署在同一份租約裡。屋內2個房間,一間面馬路是我住的,另一間則是面後棟房子,我朋友住。」

租客 「我入住後才發現,因為1樓是餐廳,晚上聲音非常吵雜,而且餐廳的排油煙管,剛好設置在緊鄰我房間的窗戶下方,打開窗戶探頭就能看見出風口,每當餐廳營業時,便會吹來陣陣油煙味,每天承受噪音跟空汙,住到快生病了!」

我 「你有試著將問題反映出去嗎?」

租客 「當然!我打去環保局,但得到回覆是,目前僅能開勸導單,如果沒有改善,請我繼續檢舉。」

我 「所以也不曉得到底要檢舉幾次、住多久才能夠改善,是吧?」

味道很主觀 檢測有難度

租客 「嗯，我也有跟房東反應，但房東態度消極，似乎只在乎有沒有收到租金。」租客越講越無助。

租客 「我很想立刻搬走，但明明我是『被逼走』的，卻仍要被房東扣違約金，真的很不服氣！而且，萬一我搬走，我朋友就得連同我的房租一併負擔，他也吃不消，還情緒勒索我別退租。唉！搞得我心煩意亂，實在不知道怎麼辦才好？」

親愛的租客，關於你的遭遇，我深表同情，但首先，你必須要有一個認知，那就是：味道（油煙與二手菸）其實是很主觀的，檢測也確實有難度，因此，不論是檢舉還是訴訟，實務上，都是不可行的下下策。

比較務實的做法是，如果房東有良心願意花錢處理，那就安裝隔音效果好的氣密窗；如果你真的不想搬家，覺得花一點錢處理也沒關係，那就購買活性碳擺放於室內，並且定期清潔冷氣機與濾網，還可以噴灑光觸媒，能暫時降低煙味與噪音造成的困擾。

菜鳥房仲必學訣竅

合租問題多 三思而後行

　　以合約來看，假設是一年一約，若已入住 9 個月尚餘 3 個月，不如勉強忍耐，待租約到期再退租，可以試著向房東提出「調降租金」的請求，多少獲得補償；但如果是入住 3 個月尚餘 9 個月，你可以向房東與室友溝通，同意你刊登招租廣告，找人無縫接軌承接租約（屋況缺點要據實以告）。換句話說，幫房東找新房客，也幫朋友找新室友。

　　若上述辦法行不通，建議展開法律程序。基本上，若你有付出實際行動（例如申請調解），足以向房東、樓下餐廳證明心有不甘，透過半法院性質的調解委員居間協調，一定有機會全身而退，畢竟金額應該不大，對房東而言，省去麻煩、趕緊找尋下一組房客，比較實際。

　　記得，租房時除了看房子，一定也要「聞」房子，而且白天跟晚上都要看過一遍，才能及時發現「入住之後才會發現的缺點」，以降低悔住的機率。

　　話說回來，與友合租整層住家，其實是最常發生糾紛的一種租屋型態。例如，家電壞掉了算誰的、你想退租而我想續租、吵架了看到對方就不舒服、你不隨手關燈，又愛開超低溫冷氣、洗澡特別久，偏偏我很節儉，水、電、瓦斯費怎麼拆算才合理？我想養狗，你卻過敏又怕髒……一堆麻煩事，室友往往到最後連朋友都做不成，說到底，還是一對一簽約，比較單純。

法律教室

危及健康 可要求終止契約

問題處理要回歸租賃契約本身，究竟是「共同承租」還是「分別承租」？同時確認租約內容有無約定「共同承租」或「分別承租」下，房東與承租方的權利與義務；若屬於分別承租，可以用「室友無須分擔另一間空房的租金」來主張退租。

此外，按《民法》相關規定，如果租賃的房屋危及承租人安全或健康時，承租人可主張房屋有瑕疵，得終止契約。換言之，租客可以「房東不（應）扣違約金」的主張，來解除租約。

租屋常見 6 大點交糾紛
房東也要自保

租屋糾紛何其多,以知名的「張淑晶事件」來說,總讓人們以為惡房東比較多,事實上,惡房客的比例才高。

試想:房東是有產階級,怎麼會想鬧事、自找麻煩呢?比較精準的說法是,張淑晶其實是惡劣的「二房東」,她根本就不是擁有房產的屋主,才敢胡搞瞎搞。所以,我認為,善良的房東應該要知道如何自保。

再來,內政部於2022年7月擴大住宅租賃補貼方案,預算高達300億元,鼓勵房東將房子出租並合法報稅,出租方跟承

租方也都能夠享有政府提供的一些獎勵措施，相對的，日後租屋糾紛發生的比率也一定會越來越多。

　　其中，租約到期，房客卻消失不見時該如何點交？遇上霸占房屋不搬離的惡房客，又該怎麼辦？房仲專家們都呼籲租約一定要「公證」，一旦發生糾紛就萬無一失，真的是這樣？

　　2022年3月的新聞，一棟位在屏東的透天厝，房東出租給2位女大學生，沒想到2名女大生不僅沒付租金，門口還被貼上水、電費欠繳通知單，房東進門後看到透天厝慘變垃圾屋的景況，不但滿地髒亂，貓狗大小便也沒清，實在令人作噁。

惡房客上門 6個自保方式

　　以上並非特殊個案，新聞三不五時會看到類似的報導。以下是幾個房東苦主最常遇到的問題解答及相關法律知識，你一定要知道。

① 什麼是點交？

　　《強制執行法》第99條及第124條的內文裡提及：解除債務人的占有並將東西交給債權人。我們將房東比喻為債權人、

房客是債務人，就很容易理解，也就是說：解除房客對房子的占有及使用，並將房子還給房東。

當然，該法主要是針對法拍而非租賃，引用法條是為了說明什麼是點交。若用白話文講解，點交就是「清點交付」的意思，至於要清點哪些物品則另當別論。另外《民法》第455條也有規定：承租人於租賃關係終止後，應返還租賃物。

② 租約到期房客避不見面，如何點交？

一般來說，房客搞失蹤，不論是沒有經過法律規定，還是社會約定俗成的點交手續，通常都代表著租賃雙方關係不好。有的房客還會故意不繳房租，直接用擔保金（押金）扣除，扣滿之後再搬離。

最差的情況是，租客不繳房租還不搬走，這種情況內政部也發現到，並在2017年時針對《租賃住宅市場發展及管理條例》（簡稱租賃住宅專法）的「點交」事項修法，也就是第 12 條的第1項。白話文解釋：當房客接到房東的催告或通知之後（或房客通知房東），雙方必須會同點交；通知之後並給予他方一定的時間準備，**一旦時間到了，他方仍不到，視同完成點交**。這對於房東跟房客彼此權益的保障，可說是非常大的進步！

③ 房客遺留物品被丟掉，可以索賠嗎？

點交的程序，除了房子要交付之外，也包含裡面的物品，物品包括房東原來的附屬設施是否有歸還，以及房客添加的物品是否有帶走。如果經過點交程序之後，甚至雙方還簽名確認了，房客就不能再跟房東請求遺失物的賠償。

④ 租約有公證，可跳過訴訟程序強制執行？

首先，契約不管有沒有公證，都具有法律效益；再來，除了公證，必須得在契約裡明文規定「如果違法哪一條，可以進行強制執行」。

換言之，違反「約定好可以進行強制執行」的條文，才不用經過訴訟的審理程序，可以直接向法院的執行處遞狀，申請強制執行；因此，**不要傻傻地拿租約做公證，就誤以為什麼都保障到了**，有公證的租約並非無敵。而強制執行也有程序規範，要確認申請下來之後，先請房客離開，若房客仍堅持不離開，才由執行處出面，配合當地的警方使以公權力將房客帶離開房子。

⑤ 房客霸占房子不搬走，該怎麼辦？

通常無奈的做法是透過法院的訴訟程序，待房東勝訴之後

再以強制執行的方式，由在地警察協助將房客請出去。

　　另外，房東可以試著用《民法》第767條第1項的規定來「排除妨害」，只是霸占房子到底是妨害還是占有？仍得透過訴訟由法院判決。

　　如果租約已經到期，經過各種方法協商與溝通，房客仍不搬離，可以先嘗試用「侵占罪」提告，讓該糾紛以刑事而非民事的方式來處理；至於侵占成不成立，得由檢察官偵查判斷是否起訴，再由法院審理，不論惡房客是否被起訴，這樣做至少可以對霸占房屋者造成一定的心理壓力。

⑥ 租約到期不搬離，房東可以開鎖進屋嗎？

　　不行，即使租約到期，未完成法定程序上的點交，且房客仍住在裡面，如果恣意地開門鎖、進屋內，房東可能被房客反咬，以觸犯刑法的「無故侵入住居罪」提告，務必小心！

房東、租客，避免紛爭守則！

使用政府契約 詳載權利與義務

　　提醒房東，**盡量使用內政部版本的住宅租賃契約書**，其內容將雙方的權利與義務規範得很清楚且詳細；再來，租約要公證，在條文約定相當具體的前提下，可省去曠日廢時的訴訟。

　　最後記得要保存證據，例如通知對方什麼時候點交，一定要保留通知的證據。雖然法律規定房東可以將房客驅趕或限期搬走，但是房客若主張房東沒事先講，也就沒有達到法律上的催告跟通知要件，房東只能無奈重新再來一遍，才可以提起訴訟。

　　出租給惡房客是機率高低的問題，無法百分之百保證不會遇到；然而，只要掌握以上幾個租屋要點及法律知識，不幸遇到惡房客至少知道該如何處理，比較不會慌張，也才懂得怎麼做能將損失降至最低。

Part

4

危老改建
黑心建商手法大公開

「與黑心建商大鬥法」系列揭露的內容，
是發生在作者身上的真實事件。
地主與建商談合建，在專業度與資訊上都極不對稱，
隨著台灣整體老屋比例越來越高，
危老改建有其必要，
了解黑心建商手法，讓你避開坑殺陷阱。

老屋改建
3 招數避開不良建商

台灣地震頻繁，你家的房子，是否很老舊？屋內是否已有混凝土剝落、地板傾斜等現象？甚至鋼筋已裸露，還被貼上黃、紅單，居住起來有一定的危安疑慮呢？這時，你就需要建商的幫忙，但若遇到黑心建商，就是自投羅網了。

尤其上網搜尋「危老改建糾紛」關鍵字，便可發現一堆黑心建商坑殺地主的報導，這本書「與黑心建商大鬥法」系列文章揭露的內容，是發生在我父親身上的真實經歷，有房仲背景的我，照理說比一般人更了解不動產相關法規，沒想到老屋改建學問如

此之大，過程繁雜且冗長，稍有一個環節疏漏，就讓我們家和建商打了好幾年的官司。

地主與建商談合建，在專業度與資訊上都極不對稱，隨著台灣整體老屋占比越來越高，不管是為了住居安全，或是期待改建帶來的經濟收益，你或是周邊親友都可能在未來需要思考危老改建的必要。被黑心建商坑殺的案例不少，我父親只是冰山一角，這本書我鉅細靡遺地將黑心建商慣用的招數寫出來，告訴讀者與建商「交手」要注意哪些事，這絕對是慘痛經驗換來的最實用知識！

要說明一下，並不是所有的建商都黑心，我沒有要一竿子打翻一船人，但動輒數億元的商機太誘人，不幸遇到黑心建商，真的讓人欲哭無淚，因此一定要學會自保。一開始，先教你3招如何判斷眼前的建商，是可以「暫且」相信的。

第1招：是否有推案紀錄

與你洽談的建商，**如果是剛成立的建設公司，過去從來沒有過推案紀錄，這就是俗稱的「一案建商」，務必提高警覺！**

以我目前待的東龍不動產來說,在台北市雙敦學區推出的預售案「東龍小巨蛋」,已於2021年底完銷且正在興建中;雖然東龍目前蓋房子的資歷尚淺,卻是經營幾十年的「老牌仲介」公司,從這個角度看,至少能通過檢驗的第一關。

值得一提的是,「建案名稱」若願意與「建商公司名字」產生連結,某個層面來說,也是一種建商為了展現自信及正大光明的象徵,例如忠泰建設在大直的「忠泰風格」、華固建設的「華固明水御」、冠德建設的「冠德來特莊園」等。

第2招：是否提供一條龍服務

在建商與地主合建的過程中,從意願整合的洽談、建築師規劃、銀行估價(貸款及信託)、建經公司把關、有固定配合的營造廠、施工品質監督與勘驗……整個流程都需要各個領域的專業人士層層把關,可說是相當繁複!

而坊間所謂的「危老推動站」,雖然是可以諮詢的地方,**要注意的是,與你接洽的服務人員,是不是只負責「意願整合」的初期階段。**也就是說,待地主們簽署了「合建意願委託書」之

後，當初與你接洽的窗口，是否會將整個案子「外包」，轉賣給其他建商接手處理……採此類模式，後續處理改建案的細膩度，就比較需要注意。

第3招：實地探訪最重要

地主選擇與一家建商合作之前，除了事先上網搜尋其過往的報導之外，一定要實地訪查。

關於網路上的評價，我的建議是只要有糾紛，縱然看起來建商好像是對的，都盡量別與之合作。或許你覺得我偏頗，但只要你歷經與建商鬥法的過程，屆時身心俱疲的你，一定會相信我說的，但那時也只能亡羊補牢了。

如果你選擇的建商過往有推案紀錄，網路也調查過一番、看似沒問題了以後，記得要想辦法找到與該建商合作過的地主，**透過地主的經驗，幫你過濾建商的信譽與服務品質，是絕對不可漏掉的環節。**

以上3招，如果都通過了初步檢驗，接下來，你還得具備3個基礎知識，才能從頭開始談下去。

與建商合作 必備3個基本知識

　　一塊基地，該如何規劃比較好？蓋幾樓？戶型採套房還是豪宅？外觀走日式或歐風？有些地主家庭單純希望規劃2房，有些是三代同堂希望設計成4房；或是家裡有老人，排斥樓中樓格局的設計，且最好能享有1樓的庭院……以上種種，都是地主與建商之間需要充分溝通的項目，因為建築師設計的房子，未必符合地主的需求。

　　另外，花多少錢蓋？與建商之間怎麼分坪數？這兩點也極為重要！只是，建商與地主彼此立場不同，時而對立；所以，過程中除了要密切地溝通，身為地主也必須搞懂，到底什麼是合建與委建，你才知道哪種模式適合自己，才能與建商進行具體討論。想改建的地主，與建商溝通前最好先了解以下3個基本知識。

①合建與委建有何不同？

　　合建顧名思義，就是地主與建商合作蓋房子，蓋好之後，地主土地所產生的建坪，須按照「比例」分配給建商，因為建商負擔了從無到有的風險與營建費用，地主則是單純出土地。在這個前提下，建商會從銷售的角度，評估市場走向、考量「好不好賣」來設計房子，**比較適合不愛燒腦參與設計，又或者是蓋好了以後沒打算自住，只想賣屋換現金的地主。**

　　委建就是地主委託建商蓋房子，因此，出資者是地主，房子想怎麼蓋，地主握有絕對的主導權與決定權，建商扮演的是統包、規劃與管理者的角色，**比較適合稍具不動產專業、希望分回多一點利潤、蓋完之後仍想長久自住的地主。**

②**地主可以分多少坪數？**

　　採合建者，營建期間產生的費用皆由建商支付，除了營建成本，還得加上利潤，以台北市來說，坪數分配行情大約是地主65%、建商35%；若是蛋黃區，地主有機會分更多，若是蛋白區，房價扣掉成本後利潤較少，則建商要求分得的坪數比例會較高。

　　採委建者，扣掉總成本後剩下的所有坪數，百分之百歸地主所有。不過，以近年來說，由於營建成本偏高，合建的坪數分

配比例可能落在地主70%、建商30%，委建則約地主80%～90%、建商10%～20%。

③**蓋房子要花多少錢？**

房子從無到有建設完成，費用支出項目繁多，不過，大致可分為金額變動大及金額相對固定2大類。其中，金額變動比較大的有3個項目：

營建費：有的地主要求採用進口瓷磚、高級衛浴、德國廚具，1套下去就要花百來萬元，有的建築結構明明只要鋼筋混凝土即可，地主卻要求採用鋼骨結構；因此，建材的使用、施工的方式不同，自然會有不同造價。

設計費：找知名建築師或名氣普通的建築師規劃，價格當然也會差很多。

建商的全案管理費：這部分因建商而異，比較有彈性，既是委建模式的建商之利益所在，也是地主可以議價的部分。

其他金額比較固定的項目包括：**跑建照流程的申請費、跟銀行洽談的利率與利息支出、建經的信託費用**，這些比較不會有變數。相關細項，地主可自行上地方政府的都發局官網，搜尋危老、都更欄位，裡面會有基本費用的概略計算方式可參考。

建造房子主要支出項目

金額變動大			金額相對固定
營建費	**設計費**	**建商全案管理費**	如建照申請費、建經信託費用等，可上地方政府的都發局官網查詢。
建材使用及施工方式不同，會有不同造價。	知名建築師或普通建築師規劃，價格差很多。	因建商而異，較有彈性，是地主可以議價的部分。	

🏯 和建商打交道，你該學起來的事！

別省小錢 找地產律師協助談判

有了過濾建商的基本技巧，以及與建商初步談合作時應具備的基礎知識之後，其實，地主需要懂的細節還很多！

一個建案的利潤，通常不僅是千萬元起跳，而是動輒上億元；若你以為能幸運遇到道德感極高、縱使遇到什麼都不懂的傻地主也能克制貪欲、自制力超強的正派建商，那你就太天真了。

因此，最保險的做法是，找一位地產律師替你出面與建商談判、審視、訂立契約條文。雖然請律師，可能要支付十幾、甚至幾十萬元的顧問費，但絕對比後來發現自己受騙上當，損失上千萬元來得划算太多！

與黑心建商大鬥法①

龐大利益在眼前
不可能不騙你

某天我拜訪一位工作上的衣食父母——大丙哥，得知他在南港有間祖厝，便聊到是否有建商與他洽談合建。

 大丙哥「有。」

我「目前進度如何？」

大丙哥「沒進度。因為我希望他們『買斷』我的祖厝，但建商不願意。」

> **我**　「的確，大型建商才有買斷的實力，絕大多數中小型建商的口袋都不夠深，以靠財務槓桿操作為主，只傾向合建。只是，你為何堅持用出售的方式呢？」

> **大丙哥**　「我是外行人，而建商不可能不騙我，與其一邊談、一邊被騙，不如一開始就按照市價售出。」

嗯，這的確是個省麻煩、不燒腦的好方法，就怕不曉得要等到何時？還好，大丙哥本來就不急。而說到「建商不可能不騙地主」，我深有同感，來看看我父親的故事。

蒙騙不知情地主 侵吞容積獎勵

2020年7月的新聞，台北市松山區饒河街知名危老改建案「松蔦青語」爆發建商與陳姓地主的合建糾紛，新聞中的陳姓地主，就是我父親。

該案的「共同起造人」為寶吉第建設及卓家雄，根據2018年7月的新聞，寶吉第建設在基隆等地開賣預售案，後來因財務糾紛宣布倒閉，當時至少30名以上的受害者，付了數十萬甚至上百萬元的簽約金，最終一塊錢都討不回來（上網搜尋「寶吉

第建設倒閉」關鍵字，就可以看到相關新聞）。

　　為了承接此案的卓家雄，特地成立了一間新的「大家地產」建設公司，接著與寶吉第建設總經理蘇義閔聯合詐騙我父親，不僅謊稱我父親的改建案無法申請危老都更容積獎勵，還哄騙父親將「2014年不含危老條例」的合建契約拿去信託，之後又在未告知、也未經父親同意的情況下，從信託銀行取得授權，拿了父親的印章、房子與土地，向台北市政府建管處申請「2017年之後才實施的危老新法」，暗中取得高達28%的容積獎勵，並全部獨吞！

　　2019年10月事件在媒體曝光之後，我父親一再詢問，建商仍矢口否認，堅稱「新聞報導指的並非本建案」，直到紙包不住火，最終鬧上法院。

　　2022年4月22日台北地方法院民事判決出爐，法官判建商敗訴！

　　判決書提及建商確實隱瞞地主，申請危老不盡告知義務，也違反誠信原則，在「總銷建坪增加，但地主可分得坪數固定不變」的情況下，使得地主的土地被嚴重免費稀釋，要求建商必須依比例分配坪數給地主，才符合契約真意。

遵守3原則 幫自己權益把關

　　「仲介」非「建商」，縱然都屬不動產領域，仍是隔行如隔山，不過我的老闆王棟隆董事長是建商，我從他身上學習到不少，只能苦口婆心地奉勸身為地主的讀者，與建商打交道時務必謹慎，就算是大型建商也未必正派。

　　學會了以下3項準則，至少能幫助你提高警覺，預判眼前的建商是否包藏禍心：

① 不要同意建商拿土地貸款

不肖建商最愛玩五鬼搬運的把戲，常聽見的黑心話術是：**「只要地主願意將土地拿出來貸款讓建商周轉，等房子蓋好之後，建商再分配更多坪數給地主」**作為誘因。其結局往往是，房子還沒蓋，地主的土地就被建商拿來融資花用，再脫產落跑，最後留下一屁股債務給地主，有些地主還因此重度憂鬱、一蹶不振，甚至輕生。

以我爸為例，當時大家地產負責人卓家雄就拿出這一份「地主應配合建商提供土地設定」的黑心契約要我父親簽名，只能說，好在當時沒有簽，不然就墮入萬丈的陷阱深淵！

② 留意是否為新成立公司

在這個缺工、缺料、缺機具的市況，連大型建商都無法保證按時完工、如期交屋，更何況是小型建商。

因此，如果想要與你合作的建商，過去完全沒有任何作品，甚至是為了要開賣新建案才特別成立建設公司，務必要特別提高警覺！黑心建商往往成立A公司，一屋多賣騙了眾人的簽約金，留下一堆爛攤子之後就宣布倒閉，之後再換人頭成立B公司，繼續騙。

　　記住，有錢不怕買不到房子，錯過這間，還有別間，如果你真的很喜歡某個一案建商所規劃的建案時怎麼辦？很簡單，等到房子蓋好之後，也就是預售變成屋時，再買就好。

③ 坪數分配要依比例原則

　　每年的法規都在變動，**今年你家的10坪土地可以換得50坪的建坪，後年可能變成可換得60坪的建坪**，當然也有可能降為40坪，只是現在政府大力推動老屋改建，誘因勢必提高，因此減少的機率較低；而縱然因選擇比例分配導致地主後來所分得的建坪變少，那也符合公平原則——建商不因地主採「固定坪數分回」而吃虧，誰都不占對方便宜。

　　因此，黑心建商很愛跟地主談「固定坪數」分回，這樣就能逼地主認帳，拿地主的土地申請多出來的建坪，企圖全部占為己有、免費稀釋地主的地坪。

　　以上3點，是地主如何與建商打交道的基本準則，事實上，黑心建商可以玩的把戲千變萬化，如果你不想傷腦筋與之鬥法，也懶得找律師或地產顧問代為協助把關的話，開頭提到大丙哥的賣斷方式，或許才是最有智慧的做法。

與黑心建商大鬥法②

哄騙搬家拆你屋
沒罰則奈我何

前面提過，地主與建商談合建，在專業度與資訊上極不對稱！因此在老屋改建過程中，地主若想保障自己的權益，除了必須學習相關知識，契約內容及改建流程的先後順序，也都有你要堅持的部分，以免遺漏掉了某些小事，變成日後的大麻煩。

以我父親與大家地產合作的「松蔦青語」危老改建案來說，就是犯了以下3大錯誤，才讓黑心建商可以說話不算話，並趁機從中圖利。

錯誤❶ 沒設退場機制 變萬年合約

在最前期、一開始的整合階段當中，建商一定會要求地主簽署一份「合建意願整合委託書」，當你簽了一份委託書之後，建商與地主之間就進入了合約關係，這時建商也有正當性，再去向其他的地主們拜訪，尋求整合。

只是萬一，合建案進行到一半，因為某些因素導致無法繼續整合時該怎麼辦？這時候，當初簽署的委託書裡，有沒有「落日條款」就很重要！不然地主到底要跟建商談多久？一不注意就變成了「萬年合約」，整個案子被卡住、動彈不得。尤其當一塊具有改建效益的基地，絕對不可能只有一家建商有興趣，如果契約沒有載明有效期限，其他的建商，難不成要排隊等到天荒地老？

至於期限多久比較合理？主要得視基地大小、戶數多寡、整合難易度等情況而定，基本上，一個案子能不能成，在歷經至少召開3次以上的說明會，大約半年內就可以判斷出來。

所以，**意願委託書裡除了必須訂定落日條款之外，建議時效性原則上半年就好，最多不要超過1年**；等即將到期時，若覺

得互動還不錯，仍信任彼此，可以再續約，至少把發球權掌控在自己手上。

錯誤❷ 未註明罰則 等不到新屋落成

在合建初期的意願整合階段，理論上沒有罰則，一旦進入「正式啟動」合建案之後，就該訂立違約條款，這部分只要你不提，建商絕對不會主動說。

地主與建商談合建時，大半都只會聚焦在「利益分配」，也就是坪數該怎麼分、能拿多少？卻往往忽略了，到底多久才拿得到？因此，在什麼時間點地主可以拿到建商承諾的條件，必須寫進去。不然，以近年缺工、缺料來說，市場上就有傳出，有些地主跟建商一簽就是10年後交屋，這冗長的時間成本，將增添許多風險。

而建案的進度，有3個重要的時間序：

第一，多久以前，可以取得建築執照（簡稱建照）？

第二，取得建照後，多久之內保證開工？ 建照下來，不等於開工，近年因為營建成本上漲，許多建案明明建照早就核發

下來了，卻遲遲不開工，一拖就是好幾年。

第三，開工之後，保證何時落成、取得使用執照（簡稱使照），並完成交屋？

以上3點，務必寫進合建契約內，只要超過雙方約定的期限，就能以違約論處，向建商主張賠償，避免房子遲遲沒蓋好，等到海枯石爛。

至於罰則，可以參考預售屋的定型化契約，針對「故意」延宕的部分進行討論，當然建商也會提出一些豁免條款，例如：天災地變、缺工缺料等不可抗力之因素等等。

建議，委請地產律師擔任顧問，協助地主跟建商針對違約條款進行細節的擬定；一般來說，違約條款會朝向「價金賠

建案進度 3 個重要時程

① 取得建築執照的時間

② 取得建照後多久可開工

③ 新屋落成及取得使用執照時間

償」為主，也就是延遲的利息給付，以日為單位，通常基準金額為萬元起。

錯誤❸ 建照沒核發 就先搬家

當建照申請下來之後，代表地主的老家即將被拆，進入「拆除舊建物」的階段。既然要搬家，照理說建案的所有規劃、合建契約進入信託、地主權益分配等等，理應全部完成之後，才能進行拆屋。

在「拆除執照」跟「建築執照」部分，有些建商採取分別申請的方式，畢竟，建商總是希望先拆屋，讓地主無法回頭了以後，再請地主進行選屋的分配，最後恐怕再來個翻臉不認帳，你也拿建商沒皮條。

所以，**必須要求建商，將拆除執照與建築執照併件申請**，這麼做可以避免房子被拆，建照卻因為某些因素遲遲無法核發下來，使得地主長年在外租屋，苦苦等待。

📑 和建商打交道，你該學起來的事！

牢記改建流程 別讓建商越雷池

不曉得你有沒有聽過建商這樣的話術：「設計歸設計，建照歸建照，建築師的設計圖跟政府核發下來的建築執照，會有坪數上的落差，所以無法在建照核發下來前讓地主先選屋；換句話說，一定得等到建照核發下來，才能讓地主選屋，所以，要請你先搬家，讓建商拆屋後，等到建照核發再進行選屋分配，坪數才不會有落差。」記住，這就是黑心話術，務必小心！

建商委託建築師規劃的設計圖，跟最後核發下來的建照，兩者之間根本變化不大，頂多部分小修正而已（例如消防檢討）；尤其是坪數的部分，幾乎沒有差異，縱然有些微落差，地主還是可以先選屋，等到將來房子蓋好以後，準備交屋時再進行找補即可。

所以，請熟記下方流程，千萬不要聽信黑心建商所說的：「建照下來，才可以選屋，所以請地主先搬家，等房子拆了之後再來選屋。」絕對不可以哦！

與建商合建重要流程

完成建案規劃 → 依設計圖進行坪數分配、分屋及選屋 → 進行契約信託 → 取得建照 → 地主搬遷 → 建商拆屋

與黑心建商大鬥法③

信託機制有漏洞
隱瞞地主騙銀行

由於「危老改建」超熱門，根據內政部統計，過去更新牛
步化的老屋終於加速，光是2022年上半年的老屋拆除
數量，就比6年前增加將近1倍！從內政部的資料也得知，2011
年年底屋齡40年以上的老屋占比從12%，拉高至2022已近
32%，10年大增近20%，而北市屋齡超過30年以上的老宅至今
已超過10萬棟、占比達8成！顯然，都更改建的速度縱然有加
快，仍然趕不上房子老化的速度。

只是，地主與建商之間是資訊極不對等的兩方，何況，一

個建案的總銷金額動輒數億元，不久的未來，改建糾紛必將高頻率發生。

我父親與建商的合建糾紛，主要爭議是建商謊稱本案不符危老條件，無法申請容積獎勵，之後在未告的情況下，向市政府建管處申請容積獎勵。其中，申請危老的必備文件「都更重建同意切結書」，上面明白寫著地主必須簽名並蓋章，萬萬沒想到，該切結書被建商蓋上地主章，沒有地主親筆簽名，竟然通過了。

銀行授權 地主有口難言

我們提起刑事訴訟，控告負責人偽造文書罪，然而，歷經長達約2年時間審理，期間還歷經了2次向高檢署申請再議成功！無奈，地檢署檢察官最終還是判建商不起訴處分，其原因，除了證據不夠積極外（也就是無罪推論），更重要的關鍵點是，「授權」建商拿地主（我父親）土地申請容積獎勵的，是信託銀行。

究竟什麼是信託？型態有哪些？又為何合建案必須要有信託

機制的存在？黑心建商如何利用信託機制的漏洞來欺壓地主呢？

　　一個建案裡，所有權人通常不會只有1個人，又因為從洽談整合、興建營造、完工交屋⋯⋯整個流程跑完，少則3、5年，長則10年以上，在這曠日廢時的進程中，勢必會歷經少數地主產生不同意見的時候；或是有的地主因死亡發生繼承問題，還是地主某天缺錢需要拿土地向銀行貸款或向民間機構設定抵押時，便很容易讓建案無法順利執行下去，因此有了信託機制存在的必要。

　　所謂的信託，就是把地主（委託人）的財產權「暫時讓與」給銀行（受託人），**一旦信託了以後，房地謄本上標示的「所有權人」就不再是地主，而是銀行**；然後，銀行會依據受託的內容執行，就不會有因上述問題導致建案中途生變、工程延宕等情事發生。

　　信託的型態大略可以分為4種：價金信託、同業連帶保證信託、公會連帶保證信託、不動產開發信託，前3種保障比較不完備，以價金信託而言，銀行比較像是保管價金的角色而已；另外2種由於有「連帶保證」的關係，建商比較有挪用資金的權力。

　　因此，市面上大部分採用的是不動產開發信託，這是由銀

行幫地主把關，依進度控管資金，減少建商無端挪用資金的風險，同時，信託銀行會要求建經公司附加「續建機制」，如此一來，**當建商或營造廠出問題時，建經公司就會出面「盡量」協助找廠商承接後續工程，將房子繼續完成**，比較不易形成爛尾樓。

黑心建商 3招暗黑手法要當心

在信託契約裡，地主最關心的肯定是「受益權分配」，也就是當建案蓋好之後，地主能夠分配到的各項權益，例如：樓層高低、戶別選擇、坪數多寡、車位數量等等，這時，就是黑心建商使手段的時刻了！

黑心招數① 信託契約排除地主有利條款

建商慣用的黑心話術是：「你的條件比其他地主好，所以這份『補充協議』不能放進信託契約裡，以免被發現後，我們不好向其他地主交代。」

另一個黑心話術是：「這份補充協議有『保密條款』，連銀行也不能知道，否則失其效力，所以不能放進信託契約裡。」

如此一來，信託銀行自然不知道建商與地主之間的協議，信託銀行就有可能不承認這些協議的存在，依照「有放進」信託契約的條件進行權益分配。這種方式可以將地主們一一擊破，使地主啞巴吃黃蓮。

所以，如果你也遇過用這些話術和你溝通的建商，那肯定就是黑心建商了。

黑心招數② 文字創造各自表述空間

如果是黑心建商，在信託契約只會概略提及應分得坪數的比例是多少，內容寫得很含糊，甚至創造出「一個條文，各自表述」的空間，讓地主以為該分配到的好像都有提到。

接著，黑心建商就會利用這份模糊的契約連哄帶騙，催促地主趕緊去信託，最後再單方面曲解條文，說是地主誤解契約內容，逼其就範。

例如，契約裡面僅提到分配坪數時，地主可依「固定坪數分」或「按比例分」，卻漏掉了「擇優選擇的權利」這個關鍵字。假設固定坪數可取得100坪，按比例分可取得110坪，黑心建商就會以「滿足其一即履約」的說法，逼迫地主選擇坪數較少的方案。

黑心招數③ 先信託再分配坪、戶數

注意，只要信託了以後，地主就再也無法回頭了！黑心建商的真面目，往往會在信託之後才現形，在與地主進行選屋及分配程序時，態度整個一百八十度大轉變！以各種威逼脅迫的方式，把坪數較少的方案、條件較差的樓層與戶別，強迫地主接受。

更要緊的是，一旦信託了以後，黑心建商就可以隱瞞地主，從「銀行端」取得授權，拿「地主的」房子、土地、印章申請容積獎勵，並企圖私自全吞！以「松蔦青語」案為例，若非當時建商申請危老重建容積獎勵通過一事上了新聞版面，恐怕我父親永遠都被蒙在鼓裡！

務必記住，程序上應該是：**先讓地主分配好坪數與選屋條件，之後才可以信託**；換句話說，地主理當分得的條件，在還沒有寫得清清楚楚並用印完成前，千萬不要傻傻地跟建商去信託！

與黑心建商大鬥法④
代刻用印授權書
小心成了賣身契

在整份「合建契約書」裡，有一張「代刻印章授權書」，為什麼需要這份文件呢？原本的用意，是為了提供建商申請作業流程的便利性，因為一個建案從無到有相當冗長且繁瑣，且一塊基地通常有十幾名甚至幾十名地主，若每道手續都要一個個請地主們親簽，將造成不必要的時間浪費，所以確實有其必要。

一般來說，建商使用地主的印章，代替地主向市府單位申請建案，倘若牽涉到「地主權益」的部分，原則上市府會要求提供地主的「印鑑章」，而非授權建商使用的「代刻便章」，

以確認地主的意思表達。

　　只是，有原則，當然也有例外。

親簽不敵蓋章 審查標準不一造成糾紛

　　在我父親改建案事件中，建商始終否認並多次表示本案不符合危老資格，無法申請危老容積獎勵，此外，以2019年台北市政府都發局提供的「重建計劃案切結書」來說，這是申請危老容積獎勵的必備文件，明顯攸關地主權益，所以上面清楚載明須由地主「簽名並蓋章」，萬沒想到，在沒有我父親簽名的情況下，被建商代蓋便章就通過了！

　　對此，當時的台北市建管處副總工程司洪德豪回應時竟然說：「建管處審查危老重建計劃，同意書當由本人簽名『或』蓋章，若土地已信託給銀行，由銀行出具同意書即可。」而當記者追問，為何切結書載明「簽名並蓋章」，卻僅蓋章就能送審過關？洪德豪則說：「根據《民法》，蓋章與簽名生同等效力。」將責任撇得一乾二淨！

　　從此以後，該切結書非但沒有越趨嚴謹替地主的權益

把關，反而更寬鬆！從原本的簽名「並」蓋章，改成了簽名「或」蓋章，其中有沒有官商勾結之情事雖不得而知，卻因該起事件，建管處遭譏諷為「糾紛推手」。

　　看完上述內容，你是否驚覺，原來與建商合建處處是陷阱。到底，黑心建商是如何「設計」這份授權書，好讓地主誤踩圈套呢？

代刻印章授權書 暗藏貓膩範本曝光

　　授權書是主契約的附件之一，也就是主契約的延伸，所以不能單獨簽署；在簽署前，地主應先了解「主契約」及「授權代刻用印的內容」是否與「地主的認知」一致？如果，主契

約寫得太過含糊，授權用印的解釋就會跟著籠統，建商就會以「最寬的標準」用印無極限。

而「建商提供的」授權書之「各個項目」亦是重點！假設，**主契約約定的是固定坪數分回，授權書卻提及可用印申請危老、容積移轉、其他容積獎勵等項目**，這時「地主的地坪」所產生「多出來的建坪」就很有可能讓建商給侵吞。

另外，如果地主很在意建案設計（外觀、坪型）、建築結構（鋼骨或RC）、建材配備等規劃，**授權代用印的項目就不該包括建築執照申請**，以免被蒙在鼓裡，最後蓋的房子跟地主想像的有落差。以下，是市面上建商提供的授權書常見版本：

立授權書人 ＿＿＿＿＿＿＿＿（以下簡稱授權人），茲因代刻印章授權使用事宜，特授 ＿＿＿＿＿＿＿＿（以下簡稱被授權人）代刻授權人印章壹枚。

該印章委由被授權人保管，並依本授權書約定，使用於申請 ＿＿＿＿＿＿＿＿ 土地重建案申請之：容積移轉、建築規劃設計、拆除執照、滅失登記、建築線指示、建造執造、土地分割及合併、使用執照、變更設計、起造人變更登記、建物所有權第一

次登記、房屋稅及申報、水電、電信、瓦斯申請及有關本土地與建物各項文件之申請、變更、領取等之一切相關事宜之用，絕不得移作其他非法用途。

俟上述相關之所有手續辦妥後，被授權人應即將印章返還授權人。如有違背以致造成授權人之損害時，被授權人應負法律上之一切責任，但授權人承諾不得向台北市工務局、地政事務所、金融機構等有關機關提出任何有關被授權人辦理授權事項之異議，否則視為違反本授權書。

以上述範本來說，有2處明顯的陷阱，現在就帶你更深入解析。

黑心手法❶ 用專業文字 唬弄一般民眾

陷阱一，如果授權書中有「各項文件」、「一切相關」、「所有手續」、「全部跟本建案有關之申請」這類關鍵字，等於賦予了建商無限上綱使用印章的權力，地主不可不慎！

陷阱二，「授權人承諾『不得』向台北市工務局、地政事

務所、金融機構等有關機關『提出任何』有關被授權人辦理授權事項之『異議』，否則視為違反本授權書。」這一段文字，**必須刪除**！對地主而言，假設發現建商有異狀，可能造成地主權益的受損，為什麼不能提出異議？如果建商拿地主的印章去蓋了「地主認知以外的」項目時，當然有提出異議的權利。

以上就是藏在授權書細節裡的2隻魔鬼，不過，事情還沒結束……

黑心建商通常為了萬無一失，接下來會哄騙地主早點信託，**一旦信託了以後，信託銀行就能代替地主授權建商用印；也就是說，授權建商用印的將會是代理地主的信託銀行。**這時地主的權益就極有可能在不知情的狀態下，被建商吃掉，我父親就是這樣吃的虧。

黑心手法❷ 更改資訊 收不到進度通知

建商向市府有關單位申請各項執照時，正常來說，過程中「進度通知書」的收件名義人皆為地主，理應寄達地主的居住地；而無良建商則會背地裡統統改留建商的連絡電話與通訊地

址，目的就是不讓地主知道建商拿代刻印章申請了什麼，尤其是契約裡沒提到的項目。

所以，**地主必須每月主動關心建案進度**，尤其當超過1季以上的時間，你完全沒有收到市府單位寄來的建案進度通知，而建商也沒有主動提供副本，甚至連簡訊通知都沒有，這時務必提高警覺，打電話去都發局、建管處詢問，以及時防範。

和建商打交道，你該學起來的事！

提升相關知識 替自己把關

這篇文章提到的暗黑手法，皆出自和我父親發生糾紛的大家地產。我相信，這絕對不是少數建商才會做的事，畢竟，一個建案動輒數千萬甚至上億元的利益，實在誘人，加上過去建管處也曾被報導收賄等弊案，更讓人堅信，因為市府承辦人員不同、建商政治人脈深淺等差異，都勢必會影響整個建案的發展。

因此，與其期待政府為地主把關，不如提升自身相關知識比較實際。相信我，對無良建商而言，只要在確保不觸犯《刑法》的前提下，能吃掉地主多少財產，就吃多少。（因為「民事」訴訟不犯罪、免坐牢，建商可以陪地主玩到天荒地老、消磨你的意志，最後大不了價金賠償而已。）

4-6

看穿 10 大陷阱
避免落入黑心建商圈套

看完上述4篇，你就可以了解，為什麼我是「成屋仲介」卻知道如何與建商交手，身為受害地主兒子的我，也參與了後續訴訟過程。

接下來，讓我統整前面4篇的重點知識，以第一人稱的方式，說故事給你聽，也藉此彙整改建過程中，你可能誤踩到的黑心建商10個陷阱。

2014年某日，寶吉第建設派代表前來拜訪我父母，試圖說服他們參與合建，我爸媽認為，位在台北市松山區饒河街的祖

厝屋齡已舊，加上年紀漸長不想再爬樓梯，於是同意並與之簽定契約。

陷阱❶ 沒落日條款 成萬年合約

由於契約裡面沒有訂立「有效期限」，導致寶吉第後來因一屋二賣、宣布倒閉之後，我父母只能接受由本案的共同起造人卓家雄來承接，**完全不須再次經過地主簽名同意，無法挑選別家建商。**

又因為合約裡沒有載明「違約條款」，才讓建商可以不按照契約來規劃房子，結果車位由平面車位變機械車位，店面的面寬也被縮窄。

陷阱❷ 未載明違約與罰則 種下禍根

2017年5月10日，政府為了加速全國老屋更新，頒布「危老條例」，以提高容積為誘因，鼓勵擁有老屋的地主們早日加入重建行列。

2018年7月13日，寶吉第建設於基隆推案搞一屋多賣，隨之宣布倒閉以防消費者求償，之後合建案便由卓家雄成立的新建商「大家地產」接手。然而，寶吉第仍在時，卓家雄本來就是松山饒河合建案的起造人之一。

後來，卓家雄曾拿一份契約要我爸爸「重簽」，內容看來跟原契約有9成相似，但仍有些不同，我爸爸堅持審閱後再說，回家仔細看才發現裡面竟有一條「地主同意建商拿『地主的土地』去融資周轉用」，於是回覆建商：沿用原契約即可。

陷阱❸ 舊案不適用危老條例 無容積獎勵

萬一我爸爸簽字了，未來若變成爛尾樓，建商宣布倒閉，建商的負債都將由我爸媽扛起，屆時他們倆老可能會覺得愧對祖先，因打擊過大而想不開吧？

這份黑心契約，**有建商當時用鉛筆、很輕地寫了一些註解**；看來，存心要做壞事的人，做事都格外謹慎，懂得用鉛筆，而且還刻意輕描淡寫以確保日後字跡能夠淡化。如今，我爸爸已經將其裱框起來留念。

　　危老條例頒布1年後，我父母數次詢問建商：「為什麼不能申請危老容積獎勵？」建商的說法始終是：「**本案是2014年的合建案，無法適用**」。我爸媽聽來覺得怪，但又好像有點道理（類似新法不朔及既往的概念），他們除了姑且相信，也後悔為何沒有藉故拖到危老條例實施後再簽約。

　　之後，建商便急著要我父母帶著2014年的合建契約及權狀去信託，我爸媽以為「信託」的意思是，要做出承諾、當個守信用的人，也就答應了。

陷阱❹ 信託文字藏玄機 一般人難察覺

　　契約並無明定，我爸媽最終房子可分到幾戶、哪個戶別屬於地主的？當時建案仍在規劃中，到底是幾房產品？總樓高幾層？單層共幾戶？八字都還沒一撇，此時若信託，將來發生爭議，信託銀行也只能保持中立，待雙方互告後，依判決結果來分配。

　　信託當時，有將一張「代刻印章授權書」放進信託裡，其**授權內容寫得琳瑯滿目，並在條放上一切、全部、所有跟本建案相關的申請、印章授權範圍不得限縮權限、地主不得異議等文字**

（圖1），對不是法律專業人士的一般民眾來說，很難察覺會有問題。

陷阱❺ 條件比別人好 要有保密條款

正因為「代刻印章授權書」裡有一切、全部、所有跟本建案相關的申請、印章授權範圍不得限縮權限、地主不得異議等文字描述，讓黑心建商可以無限上綱、擴大解釋「便章」的使用範圍。

建商還用話術哄騙我父母：「因為你的條件比隔壁地主好，我們建商很難對其他地主交代；**加上這份對你比較有利的『補充協議』有『保密條款』，因此『一旦信託銀行知道了就會失效』**。」我爸媽不疑有他，便沒將此附約放入信託。

圖1：代刻印章授權書 暗藏文字陷阱

代刻印章委託書

委託人：陳俊發　　　　　　　　　　　　（以下簡稱甲方）

受託人：寶吉第建設股份有限公司　　　　（以下簡稱乙方）

茲為合作興建基地座落臺北市松山區寶清段七 ▓▓▓▓▓▓▓▓▓▓ 地號共計八筆土地商業住宅大樓（以下簡稱本案）相關事宜，甲方委託乙方代刻印章乙枚，雙方約定如下：

一、甲方委託乙方代刻印章乙枚（以下簡稱本印章）並授權乙方使用，乙方僅得使用本印章於本案相關之土地使用權同意書、土地鑑界、舊房屋拆除執照申請、原建物滅登記、地號合併、請領建造執照、拆除執照、變更設計、名義變更、使用執照，及辦理公共設施及防空避難室比例分配、房地產權登記及一切有關本案之相關事宜。乙方不得將本印章作其他使用，否則應負一切法律責任及損害賠償。

二、甲方暸解本印章之用途，並不得中止授權乙方作有關本案之用印或限縮上開授權，甲方同時切結不得向建管處、工務局、地政事務所等有關主管機關提出任何依前條約定使用之異議。

三、本項授權係甲方基於自由意志及誠實信用原則為之，恐口無憑，特立此書為證。

　　　此致
　　　　寶吉第建設股份有限公司

委託（授權）人：陳俊發

身份證字號：▓▓▓▓▓▓

住　　　　　址：▓▓▓▓▓▓▓

中　華　民　國　一　〇　三　年　四　月　二　十　四　日

▲授權項目寫得密密麻麻，並置入「一切有關本案、不得終止授權或限縮使用權限」等文字，讓便章用印範圍被無限擴大解釋。

陷阱❻ 將地主有利附件 排除信託外

房子興建長達數年，若不小心遺失，還是火災將正本燒毀，**信託銀行又不知道建商與地主間的私下協議，最後只能按照條件較差、已信託進合約的內容執行分配，超級危險！**切記，千萬不要相信「保密條款對象包括信託銀行」這種屁話！

從2018年信託一直到2019年底，建商都在規劃建案、申請建照，包括申請危老容積獎勵，期間，風平浪靜得詭異。

陷阱❼ 更改資料 收不到進度通知書

建案規劃過程，建商與市政府建管處之間，一定會有數次的公文往返，也就是跟建案有關的進度「通知書」。

我父母與建商鬧翻後，向建管處提出申請才發現，原來過去2年，**「收件人屬名給地主」的建案進度通知書，包括通訊地址、電話、聯繫人等資料統統都是建商的聯絡方式！**記得，若是案子連續好幾個月都沒消息，務必提高警覺並向市政府相關單位了解（圖2）。

圖2：聯絡方式被更改 收不到進度通知書

擬訂臺北市松山區寶清段七小段298地號等8筆土地
重建計畫案切結書（無產權登記）

　　茲有陳俊發、胡淑惠等2人所有臺北市饒河街 ▇▇ ▇▇▇▇（坐落於 ▇▇ ▇▇▇ ▇▇ ▇▇2筆土地），並無產權登記，但確屬陳俊發、胡淑惠等2人所有，（詳主建物登記謄本、水電單、稅單等佐證文件），陳俊發、胡淑惠等2人同意參與由家地產有限公司為申請人所提之「擬訂臺北市松山區寶清段七小段298地號等8筆土地重建計畫案」，且□同意本案併認原建築容或■同意本案併認定合法建築物，爾後若有產權糾紛或損及他人權益之事情發生，願負一切法律責任與敝局無涉，特立此切結書為憑。同意合法建築物（無產權）權利範圍如後所列：

合法建築物（無產權）

建號		174			▇▇
建物門牌		▇▇▇▇▇▇▇▇			▇▇▇
基地	地段	寶清段			寶清段
	小段	七			七
	地號	▇▇▇			▇▇▇
樓地板面積(㎡)	主建物面積(A)	一層	二層	三層	四層
		101.07	101.07	76.34	91.89

立切結書人：陳俊發
國民身分證統一編號：▇▇▇▇▇▇
聯絡地址：台北市中山區長安東路 ▇▇▇
聯絡電話：(02)2523 ▇▇

（簽名並蓋章）
（如係未成年，需有法定代理人共同出具；如係法人應有其統一編

立切結書人：胡淑惠
國民身分證統一編號：▇▇▇▇▇▇
聯絡地址：台北市中山區長安東路 ▇▇▇
聯絡電話：(02)2523 ▇▇

中　華　民　國　１０８　年　９　月　９　日

▲「重建計劃案切結書」是申請危老容積獎勵必備文件，下面寫明要地主簽名「並」蓋章，結只被蓋章就通過申請。此外，通訊資訊都是建商資料，我爸媽完全不知道建商拿去申請危老容積獎勵，也收不到進度通知。

陷阱❽ 房子拆除 才能申請建照

信託之後，信託銀行變成了名義上的土地所有權人，於是，建商想拿地主的土地申請額外的容積獎勵，都可以背著地主進行；對於銀行來說，建商申請多出來的建坪，銀行也能多賺，自然也會同意。

2019年，建商通知我們搬家，我爸媽問：「能否選完屋再搬？」建商答：「拆除執照先下來才會核發建築執照，由於建照還沒核發，會跟設計圖的坪數有落差，所以你們先搬家，等我們把房子拆了，那時建照也下來了，再請你們來選屋。」我爸媽聽來覺得有理，於是配合及早搬出去租房並讓其拆屋。

拆除執照與建築執照可以、也應該「併件」申請！ 所謂「拆照比建照還早下來」的說法可能是真，也可以是黑心話術，唯有將房子拆了，對建商來說才算是吃下了定心丸。

再次強調，記得，程序該是這樣：先選屋➡再信託➡最後才可以搬家。千萬別像我父母：先信託（建案進行，回不了頭）➡搬家房子被拆（搬不回去了）➡最後選屋（再來個「一個條文各自表述」、透過長年訴訟來凌遲地主）。

陷阱❾ 未先選屋 建好才發現不一樣

「建照執照」跟建築師規劃的「設計圖」在坪數上幾乎沒落差，就算有也僅是些微的，皆能事後用價金來找補，也就是說，「要等建照下來才能選屋」是百分百的黑心話術！實務上，地主應該在信託前就先選好屋，不該等到建照核發下來才選。

2020年1月20日，建商通知建照核發下來，地主可以選屋了！我爸媽開心地到建商辦公室，最後卻氣憤地離開，因為根本是「被選屋」，契約載明的「第一優先選屋、可找補換屋」都不算數，也才知道原本3棟舊透天厝（3間店面）打掉後，改為一棟全新的「松蔦青語」建案，竟然變成了4間小店面，而建商要分走一半共2間店面，明確違反契約寫的「維持原店面寬度」的約定（圖3）。

此外，連契約寫好原本應該規劃單個價值約300萬元的平面車位，竟然都變成了價值約150萬元的機械車位！

我父親生氣地質問：「為何契約有寫『建築圖面須給地主簽認』，你們都沒有讓我們簽？」建商嗆：「我們是合建，本來就該以『什麼樣的房子比較好賣、賺比較多』的角度來設計。」

圖3：完工後才發現 平面車位變機械車位

補充協議

經甲乙雙方同意訂立補充協議條款如下以調整合建契約書（以下簡稱本約）內容，並增加甲方得分配權利，本補充協議視為契約之一部份，其效力優先於主契約，以資雙方共同遵守：

一、本約第柒條第一項：「甲方得就本標面積的佔本基地面積比例分回新大樓坪數百分之六十，乙方分得剩餘百分之四十」。

調整後：「甲方得分回新大樓樓地板面積共計肆佰伍拾坪（權狀登記），整棟公共設施每戶比率不得超過百分之三十五」或「甲方得就本標面積的佔本基地面積比例分回新大樓坪數百分之六十五，乙方分得剩餘百分之三十五」。

二、本約第柒條第三項：「甲方依本標的面積每達拾貳坪可分得新大樓之停車位乙位（經計算共計伍點捌位）」。

調整後：「甲方得分回新大樓停車位　　　，新大樓地下室壹層分配壹位平面停車位，新大樓地下室貳層分配肆位平面停車位，新大樓地下室叁層分配肆位平面停車位，如地下室壹層之汽車停車位超過　　時，就第　　汽車停車位得由甲方優先由地下室叁層之汽車停車位換取之」。

三、本約第玖條搬遷及租金補貼：乙方同意增加分配為，搬遷補貼饒河街及松河街兩個門牌合計補貼新台幣　　　元整，租金補貼增加為每月新台幣　　　元整，補貼期間自甲方點交土地予乙方後至乙方取得　　使用執照時止。

四、本約第捌條合建保證金，經甲乙雙方同意取消。

本協議為保密協議，如有第三人知情則失其效力。

立契約書人

　甲　　方：陳俊發　　　　　　　　　（簽章）
　統一編號：
　聯絡電話：
　戶籍地址：

　乙　　方：寶吉第建設股份有限公司　（簽章）
　負　責　人：李進富
　統一編號：5373
　聯絡電話：(02)2721
　戶籍地址：台北市松山區敦化南路

中　華　民　國　一　〇　三　年　四　月　二　十　四　日

　　　　　　　　　　　　　　　　　　　　　　　　甲方留存

▲補充協議第二條寫明，要分配給地主幾個「平面車位」，因為沒有罰則和違約條款，所以建商硬是規劃「倉儲車位」，也就是機械車位，事後只能以「債務不履行」的方式進行民事求償。

陷阱⑩ 危老條例獎勵建商 與地主無關

縱然契約有寫一切有利地主的條件，可就是沒有違約條款，因此根本奈何不了建商，最終我爸媽只能透過民事訴訟來價金賠償。若是建商在判決下來之前進行脫產，官司縱然地主贏了，也沒用。幸好，在我爸媽的案件中，**信託銀行有將爭議的房子保留下來，讓建商無法銷售變現**，才使建商無法用脫產倒閉這招。

期間，建商隱瞞地主，從代理地主的信託銀行取得授權，拿地主的印章、土地、房子偷偷申請危老容積獎勵高達28%，也就是「地主的土地」所產生高達超過120以上建坪，全部被建商獨吞，等於被「免費稀釋」了至少10坪以上的精華區商三土地。

在媒體報導有危老建案取得容積獎勵的新聞後，我爸媽看到消息感到疑惑，因為新聞描述的地點很像自家土地所在，詢問建商，建商卻仍矢口否認說：「這不是我們的基地」，直到紙包不住火了才改口：「這是我們建商努力得來的，你們地主憑什麼分？」**主張危老條例所獎勵的對象是建商，與地主無關⋯⋯**

　　以上，就是近年「黑心建商欺地主」的真實故事，願所有看到這則案例的地主們，都可以謹記我爸媽誤踩的10大陷阱，避免重蹈覆轍，讓自己也落入了圈套。

後記與進度

　　關於店面，後來建商基於輿論壓力（細節可掃描215頁QR Code，有後續補述），在「寬度」上妥協了，卻被建商故意設計成外寬裡窄、深度沒有等齊的店面，因為建商把他們所屬店面的樓梯，占據到了我家店面的一部分，變成一個非常畸形，裡頭只能當作倉庫、無法營業使用的空間。

　　我們與建商的官司打了3年多，在2022年5月獲得民事訴訟1審判決勝訴（圖4），但建商再次提起訴訟，寫這本書時正在進行2審中，律師判斷官司可能還要進行3～5年。此外，「松蔦青語」使用執照已於2023年2月9日核發下來，也就是建商不須再補貼租金，我爸媽除了得自己付租金在外面租屋，一邊還要花錢打官司，直到最終判決下來才能交屋入住……

圖4：歷經 3 年官司 取得民事 1 審勝訴

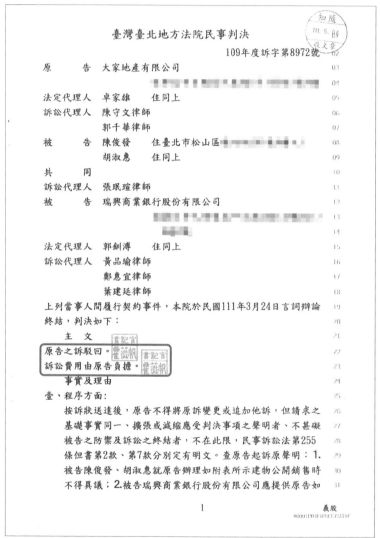

臺灣臺北地方法院民事判決

109年度訴字第8972號

原　　告	大家地產有限公司	
法定代理人	卓家雄	住同上
訴訟代理人	陳守文律師	
	郭千華律師	
被　　告	陳俊發	住臺北市松山區
	胡淑惠	住同上
共　　同		
訴訟代理人	張珉瑄律師	
被　　告	瑞興商業銀行股份有限公司	
法定代理人	郭劍溥	住同上
訴訟代理人	黃品瑜律師	
	鄭惠宜律師	
	葉建廷律師	

上列當事人間履行契約事件，本院於民國111年3月24日言詞辯論
終結，判決如下：

主　文

原告之訴駁回。
訴訟費用由原告負擔。

事　實　及　理　由

壹、程序方面：

按訴狀送達後，原告不得將原訴變更或追加他訴，但請求之
基礎事實同一、擴張或減縮應受判決事項之聲明者、不甚礙
被告之防禦及訴訟之終結者，不在此限，民事訴訟法第255
條但書第2款、第7款分別定有明文。查原告起訴原聲明：1.
被告陳俊發、胡淑惠就原告辦理如附表所示建物公開銷售時
不得異議；2.被告瑞興商業銀行股份有限公司應提供原告如

1

▲經法官判決，我爸媽獲得民事訴訟1審勝訴（判決書多達12頁，這裡僅截取第1頁內容），
目前正進行2審訴訟。

　　看完我爸媽血淋淋的案例，也許你會暗自慶幸：「好在我不是地主，我只買預售屋，而且有定型化契約，甚至還有履約保證專戶，應該不用擔心吧？」告訴你，別高興的太早，因為預售屋的風險其實也不小（請見番外篇文章）！

Part

5

利他才利己
菜鳥房仲翻身日記

有案就要接、有話不能老實說？
若是短視近利、凡事以「先成交再說」，
房仲之路會走得很辛苦，
更重要的是，你在搞什麼鬼，其實客戶都知道！
打造買家、賣方和房仲的 3 贏局面，
你才有機會從菜鳥房仲變身超級業務！

房仲吹捧過頭
每間房都物超所值

種米養百種人，別說是客戶，房仲也是百百款。有的短視近利，認為買賣只是一時的，凡事以「先成交再說」，錢到手才叫做實力；有的熱心公益，認為每一個善舉，都能為自己播下未來潛在商機的種子，甚至連對待同業都展現無私的態度。

或許，價值觀沒有對錯，卻會反映在你的長期業績成果上；其實，客戶都不是傻瓜，有財富實力的人，多半也有社會歷練，你在搞什麼鬼，客戶都知道，只是放在心裡不說出來而已。

案例❶ 舌燦蓮花 讓你不買會後悔

　　一名新同事接了某物件，有一天，他牌同業房仲來電，表明有買家，問是否可以配案？由於新同事資歷甚淺，連「店配」一詞都不知道是什麼意思？自然也不懂得，跟同行合作時該如何應對，於是長官請我陪同，協助這名菜鳥同事。

　　帶看的時候，他牌房仲（買方經紀人）在現場表現地相當老練……

買家「這房子沒陽台，洗衣機放哪兒？怎麼曬衣服啊？」

他牌房仲「洗衣機可以設置在流理臺下方，或放置廁所也可以；另外在窗口加裝遮雨棚，就可以在窗外晾衣服。」

　　其實，加裝遮雨棚會影響大樓外觀，不是說裝就能裝。換作是我，會和買家補充說明：「原則上，須以不改變大樓外觀的前提下進行，如果社區主委、總幹事、管理員，他們說可以，再看看大樓外觀，若其他住戶們都有遮雨棚，那就可以比較放心安裝。」

買家「出租的話,可以租多少錢?」

他牌
房仲「月租可達1萬5千元,你買,我幫你租。」

以該間房的條件來說,緊繃行情是1萬2千元,除非是高檔精裝潢、家具家電全配,才有可能租得到1萬5千元。換作是我,會和買家說:「這間出租行情約落在8千元至1萬2千元,還是得看屋況,若是精裝潢、家具家電又全配的話,有機會租更高。」

他牌
房仲「附近同樣的大樓,新一點的,都能賣到單坪30萬元以上,這間單坪才10萬元初頭,真的很便宜!不然你買了之後,交給我繼續賣,我馬上幫你賺差價!」

這話真敢講,這間房子雖然不貴,但也沒便宜到哪去,萬一買家問起實價登錄價格,怎麼辦?換作是我,會和買家說:「以同社區近1年實價登錄資料顯示,目前這間房的價格屬行情區間,沒有買貴,也沒有便宜。」**買房子,本來就是要買「物有所值」,別老想著「物超所值」**,如果總是期待買到便宜的房子,要嘛一直買不到,不然就是不小心買到地雷屋。

他牌
房仲
：「就這間了啦！真的很便宜，連我自己都心動想買
　　　了！」他牌老鳥房仲見買家有興趣，但仍猶豫，再
　　　補一句話術，成功燃起客戶的衝動。

買家
：「好吧，簽約吧！」買家終於說。

 菜鳥房仲必學訣竅

講話不實在 難培養穩定客源

　　或許我的業績會輸給那位講話不負責任的同業，但也相信，
他的交易糾紛絕對比我多。

　　將心比心，換作我是買家，倘若遇到滿嘴話術的房仲，只
會覺得油條與反感，買房時我寧願選擇話講七分保守，也別對
我掛十二萬分保證的業務，或許當下可能因此不會衝動性購屋，
甚至想想就不考慮了，但一定會對「講話比較謹慎的房仲」印
象加分。

　　相反的，凡事講太滿甚至是亂講，買了之後才發現，怎麼
跟房仲當初講的有落差，就算客戶放你一馬，摸摸鼻子自認倒
楣，但你肯定只能做成這位客戶「此生唯一一筆」生意，長久
下來沒有舊客戶回流，每次成交後都是「歸零」的開始，縱然
未來累積資歷超過 10 年，你依舊要辛苦開發新客源。

案例❷ 跨區租屋 互相幫個忙！

我曾幫一名租客找房子，地區鎖定台北市南港區，非我的主商圈。我找到一間可能適合的房子，但客戶因為工作繁忙、生活緊湊、重效率，同時因深信命理，在房屋座向上有些堅持，於是要求我畫出「帶有座向標誌的格局圖」，若條件符合再預約看屋，比較不浪費時間。

問題是，我沒進去看過這間房子，如何畫圖？在租屋網上，我看見同一個物件，有2名不同品牌的同業刊登廣告，於是去電請求協助。

第一位房仲說：一般租案我們不會畫格局圖，請你的客戶直接來現場看。（小姐，我也知道租案通常不會附格局圖，所以才請求協助啊！）

第二位房仲說：我頂多為你開門，你自己過來畫。（老兄，客戶急著看圖，你照片都拍了，不能憑記憶畫出來嗎？何況，這是開發經紀人的工作，怎麼會叫我這個做銷售的人畫？）

總之，我只好請求其他在地房仲幫忙，沒想到，竟還讓我給找著！他是住商南港經貿加盟店的鄭春泰，鄭兄不僅願意幫

忙我，還在短短不到半小時內就畫好，我真的非常佩服，也很
感謝他。

菜鳥房仲必學訣竅

舉手之勞 幫你廣結善緣

租客看完鄭兄畫的格局圖後，隨即傳訊息表示房子符合座
向條件，想立刻約看這間房子，我趕緊連繫鄭兄，他卻客氣地說：
「純義務幫忙，舉手之勞啦！剛好週末不在台北，你還是聯繫
原本刊登廣告的同業吧！」

於是，我承諾他，假設租客真的確定租這間房子，一定會
包個紅包給他；而不管最後客戶是否承租，至少我能做到的是，
告訴大家，在南港有這麼一位專業、服務佳，連對待同業都很
熱心的房仲。

對客戶唯命是從
就是「好房仲」？

菜鳥房仲剛起步時，什麼資源都沒有，一開始必須大量接案，無論屋況好壞、價格芭樂或蘋果（房仲業行話，「芭樂」指條件差、價格硬，「蘋果」則是指條件好、價格漂亮）、客戶人品優劣，重點在於累積經驗，即使大量失敗也不要被擊倒。在這個過程中，有可能因此讓你誤解「好房仲」的定義，例如客戶說什麼都對，業務員只能俯首帖耳，沒有反駁的資格。

　　然而，當你成長到一定階段，必須開始學習正確溝通的

態度，例如：屋主想賣天價時該怎麼溝通？你能勇敢婉拒接案嗎？又或者，你明知道房市即將反轉向下，是否仍願意承擔「屋主聽完你的唱空論，就不考慮給你賣屋」的風險，仍然誠實地分享自己的觀點。

一旦突破這個瓶頸，我要恭喜你，又更上一層樓了。

案例❶ 不在澳洲賣房 價格房仲決定？

某天一名想委賣房子的屋主與我聯繫。

> **我**　「您想賣的單價或總價是多少？」

> **屋主**　「開價2,988萬元。」

> **我**　「底價多少，含4%服務費？」

> **屋主**　「實拿2,700萬元。」

我算了一下，2,700萬元加上4%服務費等於2,808萬元，若開價2,988萬元，殺價空間只有6%，也就是180萬元而已。

> 我 「若您願意專任獨家委託於我，那麼開價由我來訂，因為2,988萬元跟底價太接近，不好守，只會讓人覺得屋主希望房仲幫忙賣，又怕房仲賺太多。泰源講話或許直接了點，但都是為了共創雙贏，請您諒解。」

屋主看到我傳的訊息後，直接打電話給我，雙方通話18分鐘，溝通結束後愉快達成共識。

有個觀念請你一定要明白，**賣房，絕對不只是買賣雙方的事情**，而是包含了仲介第三方；如果開價與底價太接近、甚至是不二價，這會讓房仲覺得，你只顧自己的實拿價，沒替房仲的服務費著想。試想，**沒有「互相」，如何叫房仲為你賣命？**

何況，當今消費者已被教育得相當精明，動輒8折、甚至7折出價，若砍價空間連10%都沒有，恐怕連你想實拿的價格都難守，結局往往是：房子你賣得不甘願，房仲也當成做公益累積經驗，只有買家最開心。

菜鳥房仲必學訣竅

適時說「不」 有助維持平等關係

知道為什麼我的標題會下「又不是在澳洲賣房」？因為在澳洲，房子的賣價是由房仲依據市場行情來決定，不是屋主訂定的；澳洲的制度值得我們省思：為什麼明知道屋主賣的是天價，房仲卻要照單全收？開價與底價太接近的屋主，多半的想法是：想實拿的價格高，又擔心開價過高沒人來看屋，既不想賣太久，也不想讓仲介賺太多。

而當有人出價時，屋主對房仲的說法通常是：「我的底價原本是實拿 2,700 萬元，如今買家出價 2,600 萬元，比我預期的少 100 萬元，那你是不是也該折讓服務費呢？」可是屋主，明明 2,600 萬元才是行情價，為什麼買家出到行情價，卻要房仲折讓服務費呢？

所以，當遇到類似的情況，請溫柔且堅定地和屋主提出對雙方都好的銷售建議。對客戶適時地說不，有助於維持雙方關係的平等，也會讓客戶驚訝地發現：你是專業的房仲，不是只出勞力的帶看服務員。累積足夠的底氣，才擁有與客戶「斷捨離」的實力，進而把寶貴的時間奉獻給少數值得的客戶身上。

案例❷ 唱衰屋主房價 還是接到委託

屋主 「外區（非大直）你接案嗎？」

我 「只要是『專任獨家委託』，且沒有要賣『天價』，全台灣都可接案喔！」

於是屋主請我估價，當查詢資料後，我發現屋主想脫手的價格，跟當年買進的價格不會差太多，倘若把稅費、服務費都算進去，落點應該在平盤。

屋主 「這間房子，未來有上漲的空間嗎？」

我 「主要是您購買的時間點剛好在房地產相對高點，之後下修好多年，加上您買的地區空屋數多，去化要時間。我說實話、也深信，就整體房市而言現在是最高點，坦誠建議您要賣就早點賣，可以把稅金、管理費、服務費等成本算上去，只要能平盤，不會虧太多，就賣。」

屋主 「賣，我需要給你什麼文件嗎？怎麼進行？」

這位賣家主動來找我，代表對我不陌生，也有一定程度的信任，何況物件所在地點並非是我的主商圈，更表示屋主對在地房仲多有戒心，其實當屋主傳達「想賣房」，又接著問對房市的看法時，也肯定是在測試房仲，自然沒必要為了接案對屋

主灌迷湯，這樣我就和那些只會喊「房價只漲不跌」的一般房仲沒什麼兩樣，對吧？

 菜鳥房仲必學訣竅

留住 A 級客戶 不用浪費多餘時間

以前的我，是一般約思維：為求「大量案源」，加上有同事們可以一起打團體戰，因此，接案時先把價格拱高，給屋主信心，客戶才會對房仲有好印象，也比較容易接到委賣機會。總之，一切等案子到手再說，議價，都是接案後的事。

然後，因為害怕得罪屋主，接了天價的物件進公司，案源看似很多，卻都賣不動，還要被屋主怒罵：「當初信心滿滿叫我給你賣，現在竟回頭要我降價？」此外，因為把大部分的時間，分散給多位屋主們，導致工作與生活品質都受到嚴重的負面影響。

現在的我，是專任約思維：雖持續關心大直房市，但服務範圍早已擴及全台，就算不看好房市，也會誠懇地理性分析，客戶若不接受，也是客戶的事。

於是，10 個屋主聽了，可能因此失去 8 位想賣天價的屋主委賣機會，剩下的那 2 位，不僅相信你說的，也具備「服務費觀念」，並且願意以「合理的價格」、「專任獨家」委託銷售；因此，可以把大部分的工作時間，留給極少數的 A 級好客戶，工作與生活品質都能兼顧。這，就是八二法則的運用。

學會應變
讓奧客不重複上門

從事房仲業後，累積資歷已經超過10年的我，縱然現在已具有被動接案、挑選客戶的實力，仍偶爾會不小心接觸到「奧客」。

有時遇到的是可以應變處理掉的小狀況，有時是被整、被刁難的家常便飯，甚至還被同行歧視過，雖說當下實在不好受，可回顧往事時卻總是心懷感恩，不是感恩搞我的人，而是將經驗化作肥料、持續精進成長、堅持不貳過的自己。走過那些磨煉，才造就現在的我。

案例❶ 從事服務業 就不要抱怨？

有位租客透過我找房承租，1月8日晚上，已安排好隔日下午1點半看南港房。

租客 「還有其他社區可以看嗎？」

我 「現在已經晚上9點多，不方便聯繫，我明早趕緊安排，若來得及，下午再一起看。」

租客 「可以改早上10點半看嗎？因為我下午2點要上班。」
（既然2點要上班，當初就不該約1點半看房，一開始就約上午10點半比較好吧？）

我 「好，那我明天上午趕緊聯繫安排，再通知您10點半是否可以看。」

1月9日上午9點，我仍在安排看屋路線，到了9點半，租客來傳訊，表示要改成下午1點半看屋。

我 「ok，安排好了，1點半～2點先看大直，之後再去南港看屋。」

租客「我2點以前要看完，我要上班。」（咦？2點要看完房子，約1點半才開始看，有沒有搞錯？）

我「那就1點半～1點40分看大直，1點40分～1點50分車程，1點50分～2點看南港。」

租客「OK。」

我「您確定？一間房子停留不到10分鐘，然後，從大直開車趕到南港，我怕過程超緊湊，讓您覺得不舒服。」

租客「不會，我們看房速度很快。」（嗯，開車也很快。）

　　就這樣，原定下午1點半看屋，為了提早做好準備，所以我1點10分就到了，突然，租客傳來訊息，因為有事耽誤，要改2點集合……租客看完大直房之後，大約2點21分，租客開車我騎車，各自前往南港，沒想到，2點36分，也就是大約歷經15分鐘的時間，租客已經抵達現場，還連打2通電話催問我人在哪裡？

租客「我車子就停在門口嗎？怎麼沒有事先幫我安排停車位？」（社區周邊一堆空的停車位，該不會連付費停車都在計較吧？）

> **我**　「您本來就預計半小時內要看完大直跟南港的房子，而且還包含車程時間，我以為不用安排車位！」

南港房子看完後，管理員攔住我，告知社區規定要收看屋費，1人100元，所以我要付200元……我已經被搞到有點躁鬱症了，竟然還有看屋費要出！

> **租客**　「這房子我喜歡，但是太貴，你問房東多少錢才願意租。」（咦？不是廣告有寫月租金9.8萬元嗎？）

> **我**　「是不是您先出個價呢？不然房東問我租客想租多少價錢時，我該怎麼回答？」

> **租客**　「應該是房東直接告訴我，最低多少錢願意出租，不然他開9.8萬元，我可以出2萬元嗎？總之，你先問房東最低願意降到多少錢，我再出價，看他願不願意租給我。」（夠了，真是夠了！）

⑤ 買屋、賣房，你該這樣做！

互相尊重 能得到更完善服務

　　不瞞大家，縱使我明明有空，對於臨時要看房的客戶，總會藉故請對方至少提前一天預約。因為我希望客戶明白，若尊重房仲、認同雙方是平等的，就應該採預約制。

　　事實上，臨時約看屋的體驗通常不太舒服，因為每一位刊登物件的房仲都來自不同公司，承租、買方經紀人，除了需要與出租、賣方接案人互敲時間，假如你看的是高價宅，社區通常也規定要預約，有些還是房東親自來開門。此外，房仲若是匆忙趕來，可能會遲到或帶錯鑰匙，假如你有停車需求，也難以安排。

　　所以，別像案例❶的客戶，時間一改再改還遲到；當然，房仲沒有事先詢問是否有停車需求，確實服務不夠周延，但若你主動提出，彼此互相提醒，也能幫助整個看屋體驗更加流暢。

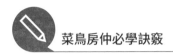

菜鳥房仲必學訣竅

約帶看程序 也能過濾出好客戶

如果是一般約物件，在多家同業競爭的情況下，當你接到客戶來電，確實要想辦法即時帶看，不然下一秒可能就被同行搶走了。不過根據我的經驗，這類客戶十之八九不會成交，因為，臨時預約的客戶通常沒做功課，往往只是走馬看花，甚至只想利用房仲而已。

而且我也相信，作為一名成功房仲的你，肯定在前一天便已安排好行程，所以你該拒絕提供「即時性帶看」服務，才能把帶看的品質顧好，讓客戶享受看屋；因此，你必須努力簽到專任獨家委託，才有底氣反過來要求客戶配合你的時間。除此之外，藉由「敲看屋時間」這個程序，也可以過濾出相對精準、意願較成熟的客戶。

案例❷ 裝修師傅陪帶看 鬧劇一場

某天下午，我接到一通電話。

客戶 「我看到你有一間毛胚屋在賣，現在可以看嗎？」

我 「不好意思，社區規定，至少要提前一天預約哦。」

客戶 「提前一天預約？我就住在這裡耶？我跟管理員講一下
　　　　就好了。」（同棟住戶？會不會是因為家裡人口數增
　　　　加，所以想再多買一間房好就近照顧？）

我 「好，我趕緊收尾手邊的工作，等一下就趕過去。」

　　到了現場，客戶帶著一位男性友人陪同，進屋內後，我發
現他們看得相當仔細，客戶一直跟她男性友人討論室內該怎麼
裝潢。

　　我原本以為，客戶相當有誠意，第一次看屋就帶裝修師傅
來規劃，只是，他們專注討論著，認真到完全忽略我的存在，
就這樣丈量來、丈量去，一會兒討論廁所該怎麼改，一會兒討
論主臥室該怎麼隔。

　　我察覺不對勁，他們根本沒有要買！我眼尖瞄到，買家手
上持有的信件，信封上的門牌地址，跟我賣的這一間是同樣的
號碼，原來，他們是坪型一模一樣的樓下住戶。

　　大約過了15分鐘，買家才驚覺到都沒有理會我，覺得有點
尷尬，趕緊意思意思地演一下，問我：「這間賣多少？屋主底
價多少？」我忍住脾氣，禮貌且制式地回答客戶的問題。

由於買家已經覺察到，我發現他們只是因為自家房子要裝修，看到樓上是毛胚屋，才打電話叫我過來開門，給他們的裝修師傅看裸屋比對格局，才好畫設計圖，買家露出「穿幫了」的表情，不好意思繼續浪費我的時間，才草草收尾。

$ 買屋、賣房，你該這樣做！

誠實告知 還是有房仲願意服務

如果你壓根沒有要買房，可以誠實說並提前預約，我仍願意空出時間讓你賞屋，畢竟廣結善緣、多認識一名屋主也不賴，但不是用欺騙的方式，還要我配合時間、機動性趕來，感受實在太差！

當然，我理解，有時候你就是現在剛好有空，所以，你可以這麼做：上房屋網站設定條件（區域、門牌、樓層、預算）按下搜尋鍵。你會發現，同一個物件，通常有多家房仲刊登。這時，逐一去電，假設房仲甲沒空，再聯繫房仲乙……直到聯繫上剛好有空的房仲，就能帶你看房了！

只是，閒閒沒事、總是隨時有空的房仲，或許能力上也要打上問號，還請多加留意。

案例❸ 被同行歧視 五味雜陳

　　我的客戶，對一間位在士林區的天母豪宅「華固天鑄」有興趣，1個單位要價2.5億至3億元，請我安排看屋。接案同事甲說：「泰源，代銷乙那邊說，請你填寫這些資料。」

　　我一看表格，上面的欄位有客戶的姓名、電話、背景、住哪、跟仲介之間是什麼關係等眾多項目，看完之後，心裡已經略感不舒服，都還沒看屋就要進行身家調查是怎樣？但沒辦法，是我的老客戶要看，寫就寫吧！

　　當天，同事甲有事無法到，說有幫我跟代銷乙聯繫好，請我放心。買家約1點看屋，我提早10分鐘到現場，代銷丙出現時，開頭就問：「你怎麼過來的？」

我　「騎車啊？我摩托車就停在對面。」對方面有難色。
　　（奇怪，我騎車不行嗎？）

代銷丙　「你客戶是做什麼的？」

我　「其實我也不是很清楚。」代銷丙的臉又皺了一下。
　　（客戶的隱私我為什麼要清楚詳實告訴你？）

代銷丙 「你客戶之前都看什麼樣的房子？」

我 「『富邦777』。」（這個建案1個單位總價約1.5億元，現在要看的這個是2.5億元起跳，兩者價差至少1億元。）

代銷丙 「你確定你客戶的預算有到達我們這邊嗎？」（怕客戶買不起，就不想服務嗎？）

我 「其實客戶連大直的『西華富邦』都看過了啦！」我立刻補充說明。（趕緊講幾個總價2億元以上的物件給代銷丙聽）

代銷丙 「其實你根本不用來，你幫我們跟客戶約好時間就可以了。我們公司規定仲介不能看屋，你們公司的人沒告訴過你嗎？」

我 「有這樣的事？我是買方經紀人，我不能陪買家一起看屋嗎？」

代銷丙 「等一下買家來了之後，你跟客戶打聲招呼就可以走了，『專業』交給我們就可以了。」（意思是我不夠專業囉？）

買家來了之後，我忍氣吞聲，跟買家簡單打聲招呼後，就先自行離去了。後來，我打電話給同事甲抱怨，同事甲打去跟代銷乙抗議，乙說沒有跟同事丙交接好，請我們見諒。

隔天，我帶同一位買家看別間房子，買家告訴我：「其實你離開之後，代銷丙一開始也是用瞧不起的態度對我們，跟我們聊了一會兒之後，知道我們的實力，態度才變好，沒辦法，我們看起來就是這麼樸素。」

代銷我不是沒合作過，卻是第一次遇到這種充滿歧視與偏見的同行，下次再有機會讓我遇到，一定嗆爆你。

壯大個人品牌
做自己最大靠山

在我還是菜鳥仲介時，什麼物件都要接，有時光是為了找到屋主、拜託屋主將房子給我賣，過程就很曲折；當我成為從業超過10年以上的老鳥之後，漸漸地變成客戶主動找上我了，且經評估後，還可能因為沒把握而婉拒接案。

案例❶ 客戶也佩服 打死不退要到委託

某物件的接案人是同事甲，沒多久甲跳槽，頓時這物件在

241

公司沒了接案人，於是我想與屋主聯絡，試圖取得委託，由於這間房子登記是法人持有，所以我先去電找那間公司的經理。

第一通：「經理您好，我是某某公司房仲陳泰源，請問您們是否有將貴公司的房子委託我們賣呢？是這樣的，當初與您接洽的同事離職了，所以……」

經理不等我把話講完，插話說：「不用，不需要。」立馬掛斷電話。事隔2天，我打了第二通電話過去：「經理您好，上次電話沒有講完，因為同事已經離職了，我方便跟您重新簽委賣合約嗎？」

經理用匆忙的口吻回我：「這間房子是我們董事長的，你要跟我們董事長連絡，我沒權力決定，不要再打來。」又掛電話……看來，經理這窗口似乎行不通。

隔天，我打了第三通電話，這次改撥市話（公司代表號）：「您好，我是某某公司房仲陳泰源，因為貴公司的房子正在賣，不曉得能否也給我一個服務的機會呢？」沒想到，接電話的人竟又是那位已經被我打擾過2次的經理，她說：「怎麼又是你！我跟你說，這個案子我們只給你的前同事甲賣，合約是跟著他走的，就這樣，不要再打電話來了。」

　　隔天，我透過管道，要到了董事長的手機號碼，我硬著頭皮打電話過去，這次是第四通了。

　　董事長接到電話，聽完我過去幾天被經理回絕數次的遭遇後，說：「合約是跟著甲走？不會吧？沒關係，說說你對我的房子有什麼看法，你打算怎麼銷售？」

　　經過一番溝通，我終於成功和董事長約碰面，到了現場，董事長請那名經理來，我們彼此眼神交會，露出尷尬一笑，董事長當起和事佬，說：「來，大家坐嘛，不打不相識，呵呵！」經理笑笑地說：「不好意思啦！之前那樣對你，是因為甲曾經幫我們賣掉過房子，所以一開始才會……不過你真的很積極，佩服、佩服！」

菜鳥房仲必學訣竅

方法用盡 才叫盡力！

　　離職的同事對屋主打預防針，不給前東家機會賣，這手段可以理解，也很常見，將心比心，哪天換我跳槽了，前公司就是我的敵營，或許我也會這麼做。

　　當然，只要你經營有道，甚至簽的都是專任委託，會讓客戶只認業務員而不認公司品牌，我想，縱使你沒有通知客戶就瀟灑離職，前公司也會繼續找你合作，把這位客戶的案子處理完。換言之，與其離職後，沒自信地跟客戶打預防針，怕案子被前公司簽走，不如提高自身業務力，讓客戶死心塌地跟著你，才是王道。

　　另外，如果預見同事可能跳槽，趁他離職前，多套一些交情吧！幫公司挽回幾個物件，也替自己增加進案量，百益無一害；實務上，離職同事可能會與你私下協議，若成交也想分杯羹，這是人之常情，只要雙方講好，就好囉！

　　最後，我想對剛起步的菜鳥房仲說，記得，掌握決定權的，常常不只1人或不是那個所有權人，假設屋主是先生，有權決定的可能是太太；假設屋主是公司，有決定權的，當然就不可能只是一名經理而已。山不轉路轉，辦法用盡，才算真盡力！

案例❷ 醜話講清楚 避免秋後算帳

　　曾經接了某個專任約物件，接案時房子有個暫時的抗性——窗戶外剛好是一片施工中的千坪基地，歷經幾次帶看，我發現租客不考慮的理由都很一致，因為緊鄰工地。我想，未來3～5年間，房客恐怕都租不久，提前解約的機率頗高。幾番思量，我決定傳訊給房東。

我　「如果我把您的房子租掉了，結果沒多久租客就退租，您會怪我嗎？您的房子面對正在蓋大樓的工地，未來3～5年會一直受到噪音跟灰塵的影響。我想，與其賺您的服務費，事後卻讓您怪罪我，怎麼老是介紹悔租的房客，不如暫不服務，您改找其他房仲，這樣我們比較能維持長久的關係，您覺得呢？」

房東　「你想太多，工地星期六、日不上班，平日上午9點前、傍晚5點後也不會施工，一般上班族不會有問題。」
（但那僅能避開噪音問題而已）

我　「晾剛洗完的衣服，很快就會沾滿灰塵跟機油味……如果遇到租不久的租客，您確定不會怪我就好；若您覺得可能會怪我，就先請您找別家房仲。」

房東 ▶ 「沒怪你。」

我 ▶ 「好,有您這句話,我就放心、繼續努力招租了。」

 菜鳥房仲必學訣竅

誠信經營 讓客戶跟著你走

這個案子雖然是專任委託,但由於我已預見,無論誰承租,悔租的機率都頗高。若只站在房仲自身利益考量的話:「先租掉、賺到服務費,以後的事以後再說」、「房仲如媒人婆,包嫁娶不包生,悔租干我屁事?」、「悔租不是可扣押金嗎?房客若靠北,就讓他去跟房東吵架就好」等這種自私思維,說不定日後房東真的會以為,我只會招致爛咖租客,進而連同我都跟著敬而遠之!

所以我選擇站在客戶的立場思考,以退為進,將日後可預見的風險讓房東知道,如果因此改為一般約甚至解約,我都接受,也會慶幸「日後當房東怪罪其他房仲時,就會想起我了。」這樣想,自然就積極亦隨緣了。

總而言之,以「長線經營」的心態做業務,才能越做越輕鬆,屆時無論「公司品牌」有多小,你都能透過壯大「個人品牌」來彌補,做自己最大的靠山!

◇ 房東、租客，避免紛爭守則！

簽約前講清條件 別存僥倖心態

如果你是房東，請一定要有心理準備，施工黑暗期一定會影響承租意願，而我的建議是，除了換隔音效果較好的氣密窗，再透過降租金的方式說服房客簽「不得提前解除契約」的長期約，這樣，便能將房客悔租的機率降低。

如果是你是租屋族，首先必須知道的是，雖然《民法》有提及「危及安全」或「健康疑慮」能構成單方面解約的條件，但這指的是房屋結構或屋況本身，例如輻射屋或海砂屋；換言之，**若因為鄰地施工影響居住品質，並不屬於房東的責任。**

然而，一開始確實可能存有「住久了會適應」的僥倖心態，入住後才發現根本無法忍受，因此，看屋時除了一定要在鄰地施工時，感受噪音與灰塵是否能忍受之外（用手指抹一下陽台的洗衣機外殼便知）；還要在租約裡附加諸如「若因無法適應鄰地施工所產生的噪音與空氣汙染，可無條件解約」此類的但書，才能為自己留一條免扣違約金的後路哦！

沒見面就談價格
當心被利用了！

或許是因為不動產動輒上千萬元，遇到神祕客戶是常有的事；然而，有沒有跟客戶見到面是其次，重點在互動過程中，能否覺察出對方是單純暫時不方便曝光，還是只想利用你而已。

案例❶ 免費提供諮詢 當心破壞行情

一位陌生買家加了我的line，並將仲介網站某間正在銷售的

房子轉貼給我看，這物件的廣告價為1,188萬元，屋主開給他的底價是1,120萬元，神秘買家問若是出價1,000萬～1,050萬元有機會成交嗎？差距約有100萬元……老實說，我真不想破壞別人的案子，所以委婉地拒絕了。

> **我**　「不好意思，由於您是跟別家房仲看的，我這局外人不適合插話，有違職業道德，請見諒。」

> **買家**　「我直接和屋主談的，沒有仲介！」

> **我**　「既然如此，我更不該提供意見，免得被屋主覺得我在搞破壞。」

> **買家**　「明白，打擾了。」

菜鳥房仲必學訣竅

別自降身價 多餘的事不要做

如果買家想省「仲介費」，最少也該付「諮詢費」吧？好歹請吃一頓下午茶、至少見過一次面、起碼 Line 頭像要用真人臉吧？如果連買家是男是女、是圓是扁都不曉得，換作是你被諮詢，縱使願意回答，也不會情願對吧？

另外，這個房子是「連屋主都有刊登廣告」的一般約物件，這名神秘買家，並沒有找房仲服務，而是選擇與屋主直接聯繫，這也說明，買家是一位寧願承擔交易風險，也不想付服務費的人，既然如此，你又何必被問免費的呢？

案例❷ 幫買家貪便宜 變同業惡性競爭

同樣也是一位完全不認識的買家加line聯繫我，說她已經透過房仲A斡旋某間房子，但她覺得A不太會殺價，且立場似乎比較站在屋主那一邊，於是說：「若你能幫我談到更低的價錢，我願意『給你機會』去幫我談。」

而我這樣回覆：「仲介的重點在成交，而非幫屋主賣高價，我想您應該是誤會A了；何況A跟屋主認識，價格都殺不下來，我

跟屋主完全沒有交情，又怎麼可能幫您談到更低的價格呢？」

如果你是菜鳥房仲，可以嘗試接下買家的芭樂價，當「砲灰」去斡旋看看，一切就當作是成長的肥料；可若你是過來人，就知道這種交易鐵定不會成。至少，類似的案例，我還真沒成交過！

何況，買家當初是跟房仲A看屋，房仲A也是有付出時間與辛勞，真的沒必要為了「一次性成交」而互搶客戶，這種惡性競爭，反而被買家給看輕了。

在專任約的國外，絕對不會發生這種情況，反而是存有一般約制度（即屋主可以同時委賣多家房仲，連自己都可以賣屋）的台灣，才有的亂象；也因為台灣允許「一般約」的存在，使得房仲們得被迫學著與同業勾心鬥角，不學會，就陣亡。

$ 買屋、賣房，你該這樣做！

屋主自售 不見得比較好

如果你要賣房子，要謹慎避開「利字當頭」的買家，以案例❶來說，買家「免費」諮詢專業房仲之後，再直接找屋主買房，會覺得不至於踩雷或買貴了；只是，當房仲看穿買家的意圖後，就會故意放大房子的缺點、並把價格講低，讓你賣不到心目中理想的價格。

以案例❷來說，若下一位房仲願意幫神秘兮兮的買家談，買家就可以利用房仲出芭樂價，讓你以為「新買家的出價更低，是否該珍惜先前不甚滿意的價格？」藉此讓你賤價賣給房仲 A 的客戶，結果明明是同一位買家！

說得更具體一點，對買家而言，既然可以透過房仲 B、C 下斡旋，那房仲 A 又何必幫你（賣家）堅守價格？換句話說，既然幫你賣到目標價的成交機率等於零，為你固守價格，就毫無意義。

以上這些，都是在「一般約與屋主自售」的前提下才有的亂象；所以，除非你急售，若不想被騙而賣便宜了、也不想體驗一些有的沒有的招數，由衷建議，專任委託一名口碑好、可信任的房仲，是最實在的做法，例如我，哈哈！

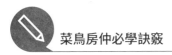

菜鳥房仲必學訣竅

建立專任約制度 付出必有回收

　　如果身為房仲從業人員的你看到這一段，也心有戚戚焉，請與我一起推動、建立不動產仲介的「專任約制度」，讓房仲不再互相攻擊，客戶只會、也只能照規矩走。記得：

① 屋主自售的物件，不要浪費心力去經營，因為屋主不想付仲介費。

② 買家向你諮詢，卻不願讓你知道他是誰，請不用回答，因為他想問免費的。

③ 物件一定要簽專任約，如此一來，當你遇到不想付仲介費，卻又很想買到該房的客戶時，你的付出，照樣必有回收。

購買預售屋
你不知道的隱藏風險

你以為，在一塊閒置的建地上，大大掛著建商的廣告，就代表這塊土地一定是該建商所有？提供外觀設計、家具家電配置圖等精美的文宣，就能肯定該預售案有在賣？

又或者你想說，預售案的廣告都打出來了，連代銷的接待中心都有設置，還提供信託銀行的履保帳戶，這總可以放心了吧？告訴你，大錯特錯！

雖然我的工作是成屋仲介，多年近距離觀察房市，還是可以告訴你一些買預售屋要留意的風險！

案例❶ 沒建照就開賣 受騙金額破3億

　　2021年10月的新聞，徐女在2019年2月有購屋需求，恰巧遇到上大輪建設總經理吳冠霆，吳總拿出幾張平面圖及1張建案外觀設計照，看起來規劃完善，讓徐女決定購買一戶，又介紹母親購入另一戶，2間總價分別約2,500萬元及2,300萬元，換算每坪單價約70萬元，是市價的7折左右。

　　後來，吳總不斷強調，由於「讓利3成房價優惠」的關係，2間必須各給付總價的50%及30%作為頭期款，徐女因不清楚相關規定而不疑有他，將錢分次匯進吳總指定的私人戶頭；半年後，吳總又以其他理由說服徐姓母女再各給付差額168萬元，等於2戶前後共付了約2千多萬元。

　　就在他們繳完頭期款不到1個月，大輪建設將該建地原本持有的十分之一產權，移轉登記到另一家花樣公司名下；到了2020年12月，該建案竟變成由花樣公司單獨取得建照，該基地原本掛著大輪建設的廣告布條也隨之拆卸，並將案名定為「松捷樂」正式對外開賣。

　　事後花樣公司推稱，不知道徐姓母女與大輪建設吳總之間

的事情，也無法處理，之後相繼爆出蔡姓父子同樣匯了1千多萬元頭期款給吳總，光他們4人受騙的金額就將近4千萬元。經檢警主動偵辦，這才發現受害人數至少超過10人，金額也暴增至3億元，連藝人徐乃麟都出現在名單中！

⚠ **預售屋風險，報你知！**

比中古屋便宜？別高興得太早！

關於預售案，消費者必須要知道 3 件事：

① 不買建照還沒核發的預售案：建照還沒核發下來，代表地方政府尚未核准建商提案的建築規劃，遑論動工挖基地，唯有建照確定核發下來，才可初步放心。

② 購屋價金不可匯入建商或私人帳戶：一般預售案開賣，會同時開辦履約保證專戶，代銷人員會將信託銀行的虛擬帳戶提供給消費者匯款，並按照工程期依階段付款。換言之，如果有建商以各種理由說服你，將購屋款匯入私人或建商的帳戶裡，千萬不要答應！

③ 不合理的便宜價格，肯定有詐：黑心建商以「市價 7 折」誘騙匯款，千萬不要被眼前的利益蒙蔽了心智，在這個高房價、營建成本高漲的時代，預售屋賣的又是未來價，肯定比中古屋還貴，賠錢的生意沒人做，建商沒道理便宜賣給你。

案例❷ 建商倒閉 已購戶「房錢兩失」

2022年8月的新聞：中和建案「青慕淳」於2年前爛尾倒閉，遲至今日仍無法解決，34戶受害者大嘆買預售屋風險真高，履約保證不可盡信！

已購戶陳先生在2020年看到該案打出2房超低總價廣告，於是買進一戶22坪、總價960萬元的戶型，並在簽約後將自備款10%、共96萬元匯進「星展銀行履保專戶」，原以為建商有採用履約保證，風險應該不大，未料建商隨即發生財務問題無法續建，迄今一毛錢都拿不回來，血本無歸、求助無門。

調查發現「青慕淳」履保帳戶共匯進3千多萬元，最後清查僅餘600多萬元，信託及債權銀行星展居中協調，確定沒有其他建商願意承接此建案，於是申請法拍土地資產。

不動產開發信託 不保證交屋

此案糾紛的關鍵問題，就在建商所採用的履約保證機制，也是業界最常用的不動產開發信託。內政部規定的履保制度，另外還包括：價金返還保證、價金信託、同業或公會連帶保證，而信託機制的「選擇權」在建商，不在消費者（由不得你）。

不動產開發信託與消費者的認知有落差，僅能確保資金專款專用、不被挪用，雖有「續建機制」，但若其他建商經評估後覺得沒有賺頭，依然不會有承接的意願，因此根本無法保證交屋；價金信託則是由銀行純然扮演保管價金的角色而已，風險較高；而同業或公會連帶保證鮮少看到，因為不太會有其他建商同行或公會，願意幫某單一建商做連帶保證。

唯獨價金返還最有保障，因為建商在施工期間、完工交屋之前，都不能動用信託帳戶裡的資金，若建商倒閉、出現爛尾樓時，承購戶仍可取回當初付出去的價金；換句話說，唯有財力雄厚、本來就不需要靠銀行融資或消費者的工程款，就能將房子蓋到好的建商才辦得到。

也就是說，有實力的大型建商，在面對房價趨勢往上走、越晚賣價越高的情況下，會跳過價金返還信託機制以省下履保的信託費用，直接先建後售比較乾脆，因此，幾乎沒有建商選擇這樣的機制；白話文就是，口袋淺的辦不到，口袋深的不需要。

番外篇
購買預售屋，你不知道的隱藏風險

案例❸ 建商倒閉 換手賣賺更多？

2022年10月31日的新聞：新北市樹林區指標案「凱旋大苑」，總銷逾10億元，2020年底銷售時，打出「誰是地王、眼見為憑」、「這一次將超越台北市」等口號，開案沒多久賣光光，未料上週五（28日）驚爆停工，已購客百戶陷入不安情緒。

記者聯繫建商黃小姐，坦言：「因現金不足，蓋不下去，目前全力進行善後，絕對負責到底，主要是受到大環境影響，營建成本暴漲等因素，造成公司流動性資金不足以支撐，因此停工。」

沅臻建設發聲明指出，已購客的款項都在華泰銀行「預售屋價金信託專戶」保管，為了確保客戶權益，會與銀行及相關人積極商談，討論將本建案移轉其他公司進行續建。

由於剛好我認識其中一位承購戶，他所爆料的內容或許有誤，但也不無可能是建商的一種「新型態暗黑手法」。爆料人說，建商利用媒體放出「要倒了」的假消息，企圖製造已購戶的心理恐慌，讓「2020年房價相對低點」的已購戶自願退訂，接著，假裝倒了的A建商再透過續建機制來個「左手換右手」，由B建商續接。

一來，可以將2020年購買較便宜的已退戶，以2022年較高的價格重新開賣，再賺一波價差；二來，B建商也能以「當初就是給的條件太好，所以A建商才會倒」的話術，藉此與已購不退戶談判，要求必須讓利，否則以「因為沒利潤，所以無法續建」來恐嚇消費者。

⚠ 預售屋風險，報你知！

建築成本高漲 慎防偷工減料

2022年9月的新聞：疫情、缺工、缺料衝擊公共工程，預售屋交屋延遲爭議變多。台中市政府統計，2021年整年度共有15件申訴案，2022年光1～8月就有14件；桃園市2021年掛零，但2022年1～8月建案竟已有10件申訴……

說實話，我認為現今買中古屋的風險，可能遠比預售屋來得低，畢竟不是「紙上談屋」，看得到也摸得著，只要房仲「來路有明」，看屋時請驗屋師、簽約時搭配履保並採雙代書制，就可以放心交易，總比遇到假裝是建商的詐騙集團，房子還沒蓋就開始騙你的錢、捲款潛逃，或是房子蓋到一半爆發財務危機害建案變成爛尾樓，來得好太多了吧？

縱使前面的風險，你都幸運躲過了，在這個營建成本相對高又缺工的市況，恐怕難逃偷工減料、交屋後就發現房子瑕疵不斷的命運。

　　雖說，這可能是烏龍爆料，但想想也對，總銷金額超過10億元耶！而且對外宣稱早已完銷了，裝什麼「沒錢、蓋不下去？」演給誰看？

　　由於該事件成功引起輿論關注，導致政府不得不積極介入，根據2022年底的後續報導，新北市消保官表示，該建案後來由債權人「寶嘉租賃」續建，全案約有92%承購戶同意與寶嘉重新簽約，會在2023年展開續建。

　　雖說寶嘉同意，已購戶不用另外多掏錢，但是付款方式有所調整、公設部分也將變更（可能建材會降級），白話文就是，接手建商必須保有一定的利潤空間才願意續建，畢竟賠錢的生意沒有人願意做；所以最終讓步、吃虧的，還是倒霉的消費者。

結語 ．．．．．．．．．．．．．．．．．．．．．．．．．．．．．．．．．．

感嘆與感恩

如果你是按照順序，從頭到尾看完這本書的話，不曉得，心情上是否從有趣、實用，到最後越看越覺得沉重，尤其是〈危老改建 黑心建商手法大公開〉的章節。

　　世風日下，人心不古，在這個新聞業被人嘲諷為夕陽產業的如今，有道德勇氣、不缺錢、扛得住關切壓力、堅持不下架「報導內容正確的負面新聞」的媒體，不多了。台灣變成是一個「媒體不打建商」的環境，因為「建商是媒體的最大金主」，對建商不利的消息，除非是社會輿論關注的重大事件，否則，只要建商肯花錢，你在網路世界裡，很難找到對建商不利的報導。

　　以我父母親的遭遇為例，黑心建商在2022年9月把「新聞」當作「廣告」使用，媒體沒有平衡報導還亂報一通，公然

謊稱「我老家是爛尾樓，靠建商才得以重生」，明明當時我老家根本還沒有被拆，爸媽仍自住中；明明民事判決是地主勝訴，卻可以「置入」寫成法院判地主敗訴！只能說，沒有最扯，只有更扯！

因此，倘若有一天，你被黑心建商欺壓了，如果想投訴爆料，記得先找我諮詢，以免適得其反，反被抹黑成貪婪的釘子戶或另有所圖的消費者；你該清楚認知，我們只有基層記者愛的獨家素材可以賺點閱率，但媒體老闆要的，是建商下的預算，才能養活記者。

所以一開始慎選建商，是極度重要的事！也請你要有所覺悟，萬一遇到黑心建商，無奈走上訴訟這條路，一定要找專精其領域且有經驗的地產律師，不然，在「契約是由建商所擬定」的前提下，地主與消費者最終只有輸多贏少的份……等等，這是結語，豈可用無奈做結尾，我還要感謝好多人！

感謝出版社《Money錢》再次提出新書邀約，這原不在我

的人生計劃，可說是出乎意料，謝謝您們對我的肯定！

感謝老天爺，若非父母遭遇黑心建商的欺壓，我不會動起「到東龍不動產上班、要把黑心建商手段寫出來」的念頭；因此也要感謝東龍不動產董事長王棟隆，若沒有您的傾囊相授，我不可能寫得出〈危老改建 黑心建商手法大公開〉系列的文章，可謂禍兮福所倚。

感謝東龍不動產的法務江經理，以前我在其他房仲品牌時，都是在加盟店頭，一有法律問題，得去電總部或向外求援，自從來到東龍總部上班，從此可以隨時向您這位「六法全書」請教，實在太便利，哈哈！

感謝所有被我寫進故事裡的主角們及自己，若非有你們，加上我有自省個性與書寫的習慣，我人生不可能累積這麼多精彩的真實故事。

最後，願一般約制度與黑心建商，在台灣，總有一天，銷聲匿跡。

MEMO

MEMO

MEMO

這個房仲太狠了！

揭開買、賣、租屋秘辛，教你躲過黑心建商坑殺陷阱

作者：陳泰源

總編輯：張國蓮
責任編輯：李文瑜
美術設計：李宜峰、楊雅竹、謝仲青
封面攝影：張家禎

董事長：李岳能
發行：金尉股份有限公司
地址：新北市板橋區文化路一段 268 號 20 樓之 2
傳真：02-2258-5366
讀者信箱：moneyservice@cmoney.com.tw
網址：money.cmoney.tw
客服 Line@：@m22585366

製版印刷：緯峰印刷股份有限公司
總經銷：聯合發行股份有限公司

初版 1 刷：2023 年 3 月
初版 4 刷：2023 年 4 月

定價：380 元

國家圖書館出版品預行編目（CIP）資料

這個房仲太狠了！：揭開買、賣、租屋秘辛，教你躲
過黑心建商坑殺陷阱 / 陳泰源作 . - 初版 . - 新北市：
金尉股份有限公司，2023.03
　面；　公分
ISBN 978-626-96799-5-9（平裝）
1.CST: 不動產業 2.CST: 買賣 3.CST: 租賃
554.89　　　　　　　　　　　112002506

Money錢

Money錢